Feiyue Intermediate Chinese

汉语中级教程

Teacher's Book

主编 林柏松
编者 于岚 李蓓

First Edition 2011

ISBN 978-7-5138-0134-8
Copyright 2011 by Sinolingua
Published by Sinolingua
24 Baiwanzhuang Road, Beijing 100037, China
Tel: (86)10-68320585, 68997826
Fax: (86)10-68997826, 68326333
http://www.sinolingua.com.cn
E-mail: hyjx@sinolingua.com.cn
Printed by Beijing Songyuan Printing Co., Ltd.

Printed in the People's Republic of China

前 言

一、《飞跃——汉语中级教程》(Feiyue Intermediate Chinese)是专门为以英语为母语的大学二年级学生以及美国AP中文课程的高中学生而编写的中级汉语课本。凡是掌握了汉语水平考试(HSK)四级1200个词汇，或汉语水平相当于全美外语教学协会(ACTFL)中级（下）、美国政府语言圆桌委员会(ILR)一级的汉语学习者，都可以使用本教材。本书取"飞跃"二字，意为学生经过本书精心设计的系统训练后，中文的听说读写水平将出现一个飞跃。

二、全书分为上下两册，共22课，可作一学年之用。每学期用一册，约需80课时。每册为11课，每课需7课时左右。上、下册各配有含课文和听力材料的MP3光盘，另配有一册教师用书。教师用书不但提供练习答案，还附有听力材料文本、按拼音排列的生词总表和汉字部件教学法关键汉字索引等参考资料。

三、本书各课沿用同一体例，包括以下各个部分：

1. 导入：本部分的作用在于激活学生的相关记忆，利用四幅与课文有关的插图带出本课的主题及关键词语。实践证明，短短几分钟的导入活动，是学生学习新课文不可或缺的重要环节。

2. 课文：每课课文包括对话和叙述文各一篇，旨在让学生同时学到汉语口语与书面语。两篇课文分别以中国和美国为场景，体现了教材本土化的原则。繁体字与简体字课文对照出现，反映了海外华人社会繁、简体字并用的实际状况。课文旁边插入的短小提示，对课文的语言交际功能起到了画龙点睛的作用。

3. 生词表：作为中级汉语课本，本书在编排生词表时，以选择汉语水平考试(HSK)四级词汇以外的词汇为原则，但是也兼收一些与课文题目密切相关的词汇。生词的排列采用繁体字与简体字对照的形式。每个生词除了提供汉语拼音和精确的英文解释以外，还特别加上中文词性与中文释例，以避免美国学生在使用汉语时生搬硬套英文释义的毛病。每册书后都附有按课排列的生词总表，方便查找和按照不同的要求归类。

4. 练习：每篇课文后都配有相当数量的听说读写练习。课文内容问答以及词组操练等练习可加深学生对课文内容和主要语言点的了解，为最后部分的语言综合运用打好基础。

5. 汉字：汉字是外国学生学习汉语的重点和难点。本书依循许多汉语教师所赞同的"认繁、写简、打拼音"的原则，运用汉字部件教学法来设计每课的汉字练习。通过分析每课25个关键字的部件并手写这些常用字，学生可以熟悉常用的汉字部件与造字法。由于汉字难写难认，写作教学一向是国际汉语教学的瓶颈。本书充分利用电脑打汉字的便利，设计了大量的写作练习，把写作变成提高阅读、说话和听力水平的重要环节。本部分通过看拼音打汉字和看课文打汉字的练习，使学生熟悉重点词语和课文内容，并提高认、读、打汉字的能力，为他们用电脑作文打下坚实基础。

6.语言点：本书对语法的解释力求简明和实用，不片面追求语法的系统性，避免使用繁难的语法术语。针对美国学生学习汉语的难点和重点而选择语言点，并设计相应的练习。汉语构词法的讲解是本部分的重要内容之一，通过对常用词头、词尾和构词法的讲解，帮助学生完成由单个汉字到复合词和词组的认识过程。

7.语言运用：本部分是全课教学的重点所在，着眼于培养学生在现实生活中综合运用汉语的能力。练习形式多种多样，听说读写紧密结合，并尽可能采用美国学生所经常碰到的考试形式，例如多项选择题、AP 考试和 OPI 口试等等。本书大量采用真实图片，配以各种练习，力求做到图文并茂。

本书是运用全新理念进行汉语教学的一个尝试，错误在所难免。希望各位同行、汉语专家提出宝贵意见，使之日趋完善。谢谢！

林柏松
2011 年 6 月

目 录

第一课　开学了
 一、导入 1
 二、课文 1
 三、汉字 1
 四、语言点 1
 五、语言运用 2

第二课　租公寓
 一、导入 2
 二、课文 2
 三、汉字 3
 四、语言点 3
 五、语言运用 4

第三课　外出吃饭
 一、导入 4
 二、课文 4
 三、汉字 5
 四、语言点 5
 五、语言运用 5

第四课　购物
 一、导入 6
 二、课文 6
 三、汉字 6
 四、语言点 7
 五、语言运用 7

第五课　在银行
 一、导入 8
 二、课文 8
 三、汉字 8
 四、语言点 9
 五、语言运用 9

第六课　看病
 一、导入 10
 二、课文 10
 三、汉字 11

 四、语言点 11
 五、语言运用 12

第七课　谈天气
 一、导入 12
 二、课文 13
 三、汉字 13
 四、语言点 13
 五、语言运用 13

第八课　订旅馆
 一、导入 14
 二、课文 14
 三、汉字 14
 四、语言点 15
 五、语言运用 15

第九课　游览
 一、导入 16
 二、课文 16
 三、汉字 16
 四、语言点 17
 五、语言运用 17

第十课　运动
 一、导入 18
 二、课文 18
 三、汉字 18
 四、语言点 18
 五、语言运用 19

第十一课　娱乐活动
 一、导入 19
 二、课文 19
 三、汉字 20
 四、语言点 20
 五、语言运用 20

第十二课　中国人的节日
 一、导入 21

二、课文 ………………………… 21
　　三、汉字 ………………………… 21
　　四、语言点 ……………………… 22
　　五、语言运用 …………………… 22

第十三课　家庭
　　一、导入 ………………………… 23
　　二、课文 ………………………… 23
　　三、汉字 ………………………… 23
　　四、语言点 ……………………… 23
　　五、语言运用 …………………… 24

第十四课　聚会
　　一、导入 ………………………… 25
　　二、课文 ………………………… 25
　　三、汉字 ………………………… 25
　　四、语言点 ……………………… 26
　　五、语言运用 …………………… 26

第十五课　社区
　　一、导入 ………………………… 27
　　二、课文 ………………………… 27
　　三、汉字 ………………………… 27
　　四、语言点 ……………………… 27
　　五、语言运用 …………………… 27

第十六课　公共交通
　　一、导入 ………………………… 28
　　二、课文 ………………………… 28
　　三、汉字 ………………………… 29
　　四、语言点 ……………………… 29
　　五、语言运用 …………………… 29

第十七课　找工作
　　一、导入 ………………………… 31
　　二、课文 ………………………… 31
　　三、汉字 ………………………… 31
　　四、语言点 ……………………… 31
　　五、语言运用 …………………… 31

第十八课　通讯
　　一、导入 ………………………… 32
　　二、课文 ………………………… 32
　　三、汉字 ………………………… 33
　　四、语言点 ……………………… 33
　　五、语言运用 …………………… 34

第十九课　自然灾害
　　一、导入 ………………………… 35
　　二、课文 ………………………… 35
　　三、汉字 ………………………… 35
　　四、语言点 ……………………… 35
　　五、语言运用 …………………… 36

第二十课　环境保护
　　一、导入 ………………………… 37
　　二、课文 ………………………… 37
　　三、汉字 ………………………… 37
　　四、语言点 ……………………… 37
　　五、语言运用 …………………… 38

第二十一课　文学艺术
　　一、导入 ………………………… 39
　　二、课文 ………………………… 39
　　三、汉字 ………………………… 39
　　四、语言点 ……………………… 39
　　五、语言运用 …………………… 40

第二十二课　谈教育
　　一、导入 ………………………… 40
　　二、课文 ………………………… 40
　　三、汉字 ………………………… 41
　　四、语言点 ……………………… 41
　　五、语言运用 …………………… 42

附录
　　一、生词总表 …………………… 43
　　二、汉字索引 …………………… 82

参考答案及听力材料

第一课　开学了

一、导入

Exercise 1

答案略

Exercise 2

答案略

二、课文

Exercise 1

1. 错　2. 对　3. 对　4. 错　5. 对　6. 对

Exercise 2

答案略

Exercise 3

1. 打工　2. 递交　3. 靠　4. 树立　5. 涨
6. 申请　7. 碰到　8. 发愁

Exercise 4

1. 校园　2. 公司　3. 不必　4. 教育
5. 费用　6. 服务台

Exercise 5

1. 错　2. 对　3. 错　4. 对　5. 错　6. 对

Exercise 6

答案略

Exercise 7

1. 认识新朋友　2. 回到学校　3. 聚在一起／聚会　4. 出去旅游　5. 呆在家里　6. 挣钱交学费　7. 玩电脑游戏　8. 觉得很高兴

Exercise 8

答案略

听力材料

1. 你今年暑假是在什么地方过的？都做了些什么有意思的事？
2. 你觉得两个多月的暑假过得快还是慢？为什么？
3. 新学期又开始了，你是用谁的钱交学费的？
4. 开学第一天你在学校都见到了哪些人？做了些什么事？
5. 暑假结束了，新学期又开始了，你觉得高兴不高兴？为什么？
6. 在新的学期，你在学习和其他方面有什么打算？

三、汉字

Exercise 1

答案略

Exercise 2

1. 我是在那儿出生的，也是在那儿上的小学、初中和高中。
2. 除了图书馆以外，我也打算申请电脑房的工作。
3. 太好了，那我们俩都不用为学费的事发愁了。

Exercise 3

答案略

四、语言点

Exercise 1

1. This summer I went to the East Coast with my friends.
2. She spent two dollars to buy this book.
3. The two-hour film ended quickly.
4. Xiaohua is sick. Let's go see her after class, OK?
5. Time flies. It's weekend again.
6. This shirt is too red. It doesn't look good.
7. Our class went to visit a museum last Tuesday.
8. Zhang Wen can write letters in Chinese now.
9. My mom sent some fruits to my younger sister and me.
10. It's raining heavily outside. Don't go out.
11. Xiaoli is now a college student. She lives on campus.
12. On my way to the library, I ran across Xiaohong.

Exercise 2

1. 他是在德州上小学和初中的。

或：他是在德州上的小学和初中。
2. 我是来美国以后才开始学英文的。
   或：我是来美国以后才开始学的英文。
3. 我妈妈每天是坐公共汽车去上班的。
4. 是李老师昨天告诉我们考试成绩的。

Exercise 3

1. 大伟是从中国来美国的。
2. 我哥哥是上午九点左右走的。
3. 我们是骑自行车去的。
4. 是小雨告诉我的。

Exercise 4

1. 除了，还/也　2. 有，也有/还有　3. 有的，有的　4. 除了，还/也　5. 有，也有/还有　6. 除了，还/也　7. 有，也有　8. 有的，有的　9. 除了，还/也　10. 有的，有的

Exercise 5

1. 旧金山市是我的家乡。我是在那儿出生的，也是在那儿上的小学、初中和高中。高中毕业以后我到美国东部上大学。我现在是大学二年级的学生。我已经学了两年的中文了。
2. 上个星期六晚上我参加了一个聚会。在那儿我见到了几个老朋友，也认识了两个新朋友。我们在一起喝了酒，也跳了舞，玩了差不多三个多小时，大家都很高兴。
3. 我的书房里有一个大书架。书架上有很多书，有中文书，也有英文书。有的书是新的，有的书是旧的。除了很多书以外，也有不少笔记本。

五、语言运用

Activity 1

答案略

Activity 2

1. b　2. b　3. c

🎧 **听力材料**

欢迎新同学。为了帮助同学们勤工助学，学校有下列工作供大家选择：图书馆值班员、体育馆值班员、游泳池救生员和电脑房值班员。对这些工作感兴趣的同学，请在一个星期内向学生处提出申请。申请表可以在各个系办公室领到。

Activity 3

A.

1. The Student Association is organizing a trip to Qingdao. Participants will stay at Qingdao University, swim in the ocean and visit historical sites and nice scenic spots.
2. A professor from the United States is giving an academic lecture at 16:00 on Friday in classroom 7105.
3. A professor is giving a lecture on HSK from 16:00 to 18:00 on Friday in classroom 101.

B. 答案略

Activity 4

1. b　2. a　3. b

🎧 **听力材料**

1. 我听说今年学校要涨学费。还有其他一些费用也要涨。
2. 其实你不必打工，你爸那么有钱。
3. 我申请了游泳池救生员的工作和体育馆服务台的工作。

Activity 5

答案略

Activity 6

答案略

Activity 7

答案略

第二课　租公寓

一、导入

Exercise 1

答案略

Exercise 2

答案略

二、课文

Exercise 1

1. c　2. b　3. c　4. b　5. d

Exercise 2
答案略

Exercise 3
1. 结婚 2. 房价 3. 地点 4. 小区 5. 时髦 6. 利息 7. 担心 8. 享受

Exercise 4
1. 买 2. 租 3. 建 4. 套 5. 房价 6. 负担 7. 担心 8. 害怕 9. 敢 10. 贵 11. 没有

Exercise 5
1. 对 2. 对 3. 错 4. 错 5. 对 6. 错 7. 错 8. 对

Exercise 6
答案略

Exercise 7
1. 公寓大楼
2. 楼上楼下
3. 共用厨房和客厅/厨房和客厅共用
4. 约个时间
5. 便宜的房租
6. 上网找公寓
7. 抽空学习
8. 赶紧跑

Exercise 8
答案略

听力材料
1. 如果你想租一个公寓，你会考虑哪几个方面？
2. 如果你要买房子，你想买什么样的房子？为什么？
3. 你觉得租房子好还是买房子好？为什么？
4. 你现在是住在父母买的房子里还是住在租的公寓里？谁跟你住在一起？
5. 说说你现在住的房子或公寓里一共有几个房间？都是些什么房间？
6. 你的朋友正在找公寓，请你告诉他怎样才能找到一个合适的公寓。

三、汉字

Exercise 1
答案略

Exercise 2
1. 我听说前面那个小区正在卖房，你知道卖得怎么样吗？
2. 房价那么贵，我看租公寓比买房子便宜多了。
3. 可不是吗！看来买房子还真没有租公寓好呢。

Exercise 3
答案略

四、语言点

Exercise 1
1. 我家的前院比后院大。
2. 买衣服没有做衣服（那么）贵。
3. 我觉得中餐比西餐好吃。
4. 坐飞机没有坐火车（那么）舒服。
5. 中文比英文难。
6. 这台电脑没有那台电脑（那么）快。

Exercise 2
1. 她（正）在打排球。
2. 小张和他的太太（正）在烤肉。
3. 她（正）在给孩子洗澡。
4. 他（正）在跑步/上班。
5. 她们俩（正）在看电视。
6. 他（正）在骑自行车。

Exercise 3
1. 如果我有机会
2. 如果他有时间
3. 如果他在这儿
4. 如果她没有生病
5. 今年暑假我就和你一起去中国旅游
6. 我们就去公园野餐
7. 就不会着凉了
8. 我们就/可以让你做这个工作

Exercise 4
1. 看来，那是一部好看的电影。
2. 可不是吗！今天我也穿了不少衣服。
3. 可不是吗！看不出来是一个学生写的。
4. 看来他家来客人了。
5. 可不是吗！一个星期就涨了差不多一美元。
6. 看来他们碰到难题了。

五、语言运用

Activity 1
答案略

Activity 2
A. 房屋出租（二）较为合适，因为旁边就是北京第二外国语学院 (Beijing International Studies University)。

B.
1. On the third floor of a six-story building; two bedrooms and one sitting room; 70 square meters; fully furnished; 850 yuan per month.
2. Rental on daily basis; clean and comfortable; within walking distance; rate is 40-70 yuan per day; full facilities; discount if renting for longer period; daily change of bed sheets.
3. Apartment on the third floor of a building with six floors; four bedrooms, one sitting room and one dining room, apartment can be remodeled into a two story apartment, 340k yuan.
4. Apartment on the fourth floor of a building of six floors; three bedrooms, one sitting room, 85 square meters, interior decoration complete, 465k yuan.

Activity 3
1. An existing house with two bedrooms, one sitting room, one kitchen, and one bathroom.
2. A table, two chairs, a bookshelf, a TV, a computer desk, a dining table, a mattress.
3. Because it is heavy and I plan to change the carpet later.

Activity 4
1. b　2. c　3. c

🎧 听力材料

李：张老师，听说你买了房子？
张：对，昨天成交的。
李：你买的是二手房吧？
张：当然了，我哪里有钱买新房啊。
李：你是从房主手里直接买的还是找房地产公司买的？
张：是找房地产公司买的，是银行收回来的房子。
李：那就是说原来的房主付不起贷款了。
张：对呀。听说房主失业了。
李：那他那个房子是什么时候买的？
张：他买这个房子的时候正是房价贵的时候。他贷款48万买了这栋房子，可是现在只值25万了。
李：看来买房子不能随便买。第一不要在房价贵的时候买，第二要有好的工作，不然的话麻烦就大了。
张：可不是吗！

Activity 5
1. c　2. b　3. b　4. a

Activity 6
答案略

Activity 7
答案略

Activity 8
答案略

第三课　外出吃饭

一、导入

Exercise 1
答案略

Exercise 2
答案略

二、课文

Exercise 1
1. 错　2. 错　3. 对　4. 错　5. 对　6. 错
7. 错　8. 对

Exercise 2
答案略

Exercise 3
1. 动　2. 请　3. 成　4. 数　5. 点　6. 付

Exercise 4
1. 中国人常常喜欢做什么？
2. 小张请了谁/什么人到餐馆吃饭？
3. 什么地方的菜很辣？

4. 美国人在一起吃饭喜欢怎么/怎样付帐?
5. 中国人请客的时候习惯说什么?

Exercise 5
1. c 2. a 3. d 4. d 5. a

Exercise 6
答案略

Exercise 7
1-b 2-d 3-f 4-c 5-a 6-e

Exercise 8
答案略

🎧 听力材料
1. 听说你很喜欢吃中国菜,你都去哪儿吃中国菜?
2. 你吃过哪些中国菜?能说出几个菜名吗?
3. 你比较喜欢什么口味的中国菜,甜、咸、辣还是酸?
4. 你有没有吃过广东的点心?比较喜欢哪几种点心?
5. 你知道中国什么地方的人最爱吃饺子?
6. 你觉得中餐和西餐最大的不同是什么?

三、汉字

Exercise 1
答案略

Exercise 2
1. 来来来,动筷子!没什么好菜,随便吃吧!
2. 中国人很有礼貌,我想中国人常常请客吃饭,中国的饮食文化就是这么来的。
3. 别瞎说了,哪有让客人付账的道理!我们早就说好了,今天我买单。

Exercise 3
答案略

四、语言点

Exercise 1
1. 要是我们想吃中餐,就去中国城。
   要是想吃美式餐,我们可以去一家西餐馆。
2. 要是天气好,我喜欢出去散散步。
   要是天冷或刮风,我就呆在家里看看报纸。
3. 要是我有很多钱,我就买一个两层楼的房子。
   要是钱不多,就买一个两个卧室的公寓。
4. 要是我有一个星期的假,我就回家看望父母。
   要是我只有三天的假,我就不回家了。

Exercise 2
1. 写写字
2. 说说话
3. 教教书
4. 买买东西
5. 打打工
6. 找找房子
7. 跑跑步
8. 做做操

Exercise 3
Dialog 1:
说好 Did you talk to Wang Qiang and confirm with him?

Dialog 2:
写好 I haven't finished writing my composition yet.
做好 I have to finish my homework before I can go out.

Exercise 4
1. 你最好不要睡得太晚,对身体不好。
2. 你就是我要找的那个人。
3. "谢谢你帮了我们很大的忙。""哪里哪里。"
4. 不知道为什么,我就是不喜欢那个男人。
5. 别担心。你怎么说我怎么做就是了/我照办就是了。
6. 你最好今天把工作做完。
7. 我们最好去机场送送她。
8. "你的中文说得很好。""哪里哪里。"

五、语言运用

Activity 1
答案略

Activity 2
A. snack food street; fast food superstore; fast food for travelers; delicacy street
B. pumpkin cakes; steamed buns with stuffing; fried rice; steamed vegetarian dumplings

Activity 3
1. c 2. b

听力材料

小明：

我是李华。给你打电话你不在。是这样：咱们高中班的刘伟从国外回来了。我找了几个要好的同学准备请刘伟吃饭。你不是想去美国念书吗？我介绍你认识一下刘伟。也许他能帮你。我们在东海楼饭馆订了座，时间是星期六下午六点半。希望你能来。再见。

Activity 4

1. c 2. b 3. c 4. a

听力材料

1. 刘伟从国外回来了。我找了几个同学请刘伟吃饭。
2. 我介绍你认识一下刘伟。也许他能帮你。
3. 麦当劳快餐店进入中国以后，很快在全国各地建立了分店。
4. 有人说中国菜的特点是东辣西酸。

Activity 5

Xiao Li should pay ￥42.00, Xiao Zhang ￥61.00, and you ￥32.00.

Activity 6

答案略

Activity 7

甲乙两个老朋友好久不见了。有一天，甲在街上碰见了乙，两个人都很高兴。两个人握握手，互相问好。甲说，我们找一家茶馆聊聊，好不好？乙说，好。两人找了一家春来茶馆，进去坐下。服务员拿来了菜单。他们点了茶和一些点心。喝完茶后，甲拿信用卡去结账，没想到服务员说，这里不收信用卡。怎么办呢？（学生可以根据自己的想象接着写下去。）

Activity 8

答案略

第四课　购物

一、导入

Exercise 1

答案略

Exercise 2

答案略

二、课文

Exercise 1

1. c 2. b 3. a 4. c 5. b 6. a

Exercise 2

答案略

Exercise 3

1. 价格 2. 进价 3. 一口价；讨价还价
4. 砍价；压 5. 抬 6. 降价

Exercise 4

1. 便宜点好吗
2. 最多也就卖八十
3. 面料和做工都很好
4. 算了吧
5. 多给些
6. 我帮你装好

Exercise 5

1. 错 2. 对 3. 对 4. 错 5. 对 6. 对
7. 错 8. 对

Exercise 6

答案略

Exercise 7

1-b 2-e 3-f 4-c 5-a 6-d

Exercise 8

1. 打七折
2. 你不可以讨价还价
3. 你最好在减价时买
4. 有一个大的停车场
5. 一双皮鞋和一件衬衫
6. 有三层

三、汉字

Exercise 1

答案略

Exercise 2

现在很多人都发财了，所以各种名牌精品店到处都是。有的服装上千元一套，还有很多人买得起。不过，大部分人还是喜欢逛便宜一点儿的衣服摊,在那里容易讨价还价。

Exercise 3
答案略

四、语言点

Exercise 1
1. 她的爱好跟我一样。
2. 我弟弟学的语言跟我一样。
3. 我同屋的年龄跟我一样。
4. 我妹妹喜欢的音乐跟我一样。
   或:我妹妹跟我一样,都喜欢古典音乐。

Exercise 2
1. 这件毛衣跟那件毛衣的颜色不一样。
   或:这两件毛衣的颜色不一样。
2. 他的兴趣跟我的不一样。
3. 这双皮鞋跟那双皮鞋大小不一样。
   或:这两双皮鞋的号不一样。
4. 这台电脑的价钱跟那台电脑不一样。
   或:这两台电脑的价钱不一样。

Exercise 3
1. 要不然,他的成绩不会这么好!
2. 要不然,我不会通过这次考试的。
3. 要不然,我怎么能知道发生了什么事呢?
4. 要不然就迟到了。
5. 要不然他不会这样关心你。
6. 要不然会感冒的。

Exercise 4
1. 打几折
2. 全部打六折
3. 有的时候甚至会打三折
4. 不过只打九折

Exercise 5
1. Beijing Hotel
2. Guangzhou Garden Hotel
3. guesthouse
4. hotel
5. bar
6. You finally got this right.

🎧 听力材料

小林:最近我去了一趟中国,才知道关于"店"的学问可大了。

小黄:"店"不就是商店吗?有什么好说的呢?

小林:那你说说,"北京饭店"是干什么用的?

小黄:"北京饭店"?吃饭的地方呗。

小林:错了,那是北京有名的大宾馆,是一个旅店。

小黄:是吗?那就不是真的饭店,是旅店。

小林:再问你一个问题:"广州花园酒店"是什么地方?

小黄:"花园酒店"?花园旁边喝酒的地方吧?

小林:又错了!那是广州有名的宾馆。

小黄:哦,是宾馆。不过,宾馆里头总有喝酒的地方吧?

小林:这你可说对了。酒店里头是有酒吧。

五、语言运用

Activity 1
A.
1. autumn tea
2. casual clothing and suit, sold at 20 - 50% discount.
3. clothes; 25% discount
4. sports goods; 32% discount
5. gift store
6. It is closing and is having a clearance sale of all kinds of clothes.
7. open 24 hours
8. Hua Yi International Shopping Center
9. sports goods; up to 70% discount; 3rd floor

B.
1. It is to notify the customers for the closing of the store.
2. The store will notify the customers ahead of time when it re-opens.

Activity 2
1. a 2. b

🎧 听力材料

广大顾客同志们注意啦。本店因为拆迁,现在全场商品一律只卖28元,一律只卖28啦。机会难得,请进来瞧一瞧,看一看。不买不要紧,不看白不看。看一看,瞧一瞧,本场商品,不论大小,一律只卖28元,大衣、皮鞋，西装，皮袄，一律28啦。28啦。

Activity 3
1. b 2. c 3. a

🎧 听力材料

1. 先生您要买什么样的夹克？
2. 先生，实在不能再给您减价了。
3. 这种颜色的衬衫我穿不合适。

Activity 4

A.
1. Buy inexpensive goods.
2. Some want to buy underwear, and some want to buy jackets and sport shoes.
3. They are expensive even in U.S. dollar terms.
4. The clerk wants the customer to buy stuff.
5. She hasn't sold anything in the morning. She will give a discount to the first person who decides to buy.
6. She says that the customer is not sincere.

B.
答案略

Activity 5

在一楼给自己和太太买了两双皮鞋。
在三楼给儿子买了一套儿童服装。

🎧 听力材料

这个周末我去买东西了。我去的是嘉信茂广场。我先在一楼给自己和太太买了两双皮鞋，然后在那里吃了点小吃。然后我到三楼给我儿子买了一套儿童服装。买完东西后，我到广场里的健身中心锻炼了一个小时。

Activity 6
答案略

Activity 7
1. b 2. d

Activity 8
答案略

第五课　在银行

一、导入

Exercise 1
答案略

Exercise 2
答案略

二、课文

Exercise 1
1. 对 2. 错 3. 对 4. 对 5. 错 6. 对
7. 对 8. 错

Exercise 2
答案略

Exercise 3
1. 涨 2. 开 3. 存 4. 换；查

Exercise 4
1. 好像人民币每天都在涨。
2. 今天美元对人民币的兑换率是多少？
3. 凭身份证，你每年可以兑换五万美元。
4. 如果你不是中国公民，你可以凭护照在中国银行开账户。
5. 定期存款的利息比活期存款高。
6. 定期存款的时间越长，利息越高。

Exercise 5
1. c 2. b 3. a 4. c 5. a 6. c 7. b 8. c

Exercise 6
答案略

Exercise 7
1. 生日 2. 祝 3. 支票 4. 礼物 5. 服装店 6. 学费 7. 兑换 8. 挂念 9. 选修 10. 感兴趣 11. 成绩 12. 注意 13. 尽快 14. 气温

Exercise 8
答案略

三、汉字

Exercise 1
答案略

Exercise 2

1. 对不起,我想问一下,如果我把手里的美元都换成人民币,到我离开中国的时候可不可以再换成美元呢?
2. 定期存款的利息比活期存款高一些。存的时间越长,利息越高。

Exercise 3

答案略

四、语言点

Exercise 1

Example 1
1. 老王去年把房子卖了。
2. 小李把我的电脑修好了。
3. 小红昨天把衣服洗了。
4. 他把作业写完了。
5. 明天我们考试,今晚我得把功课复习复习/复习一下。

Example 2
1. 他还没把那本书拿来。
2. 你别把我的新车弄坏了。
3. 你不把这些题目做完就不要走。
4. 我弟弟没有把那个大苹果吃了。
5. 他们没把房子修好就走了。

Exercise 2

1. 机票越来越贵了。
2. 他希望我们的生意越做越大。
3. 你越用脑子,脑子越灵。/脑子越用越灵。
4. 这场比赛在最后几分钟越来越激动人心。
5. 现在学中文的人越来越多了。
6. 你越说,我越糊涂。
7. 你的经验越多,你的工作就会做得越好。
8. 他们的儿子长得越来越壮了。

Exercise 3

1. 小琴比小月高两英寸。
2. 红球比蓝球大多了。
   或:红球比蓝球大很多。
3. 张先生比朱小姐忙一点儿/一些。
4. 粉红裙子比绿裙子漂亮多了。

Exercise 4

春风啊春风,你把我吹绿。Ah, spring wind, you blow over me and make me green.
阳光啊阳光,你把我照耀。Ah, sunshine, you shine on me.
大地啊母亲,把我紧紧拥抱。Ah, earth, my mother, you hug me tightly.

五、语言运用

Activity 1

1. 币种——kinds of currency;代号——code number;单位——unit;现钞——cash;现汇——remittance;英镑——British pound;港币——Hong Kong dollar
2. 答案略
3. In 2005, U.S. dollar could exchange for more RMB than in 2007.

Activity 2

1. Wait a meter away from the ATM when someone is using it.
2. Change the initial password assigned to you by the bank.
3. Keep safe your card, password and ATM receipt.
4. Take back your card and exit transaction when done.

Activity 3

1. c 2. a 3. a 4. b 5. c

🎧 听力材料
1. 请问您换美元还是欧元?
2. 今天的兑换率是7.23,换吗?
3. 您的身份证过期了,不能用了。
4. 活期帐户的利息比较低,您想存多少钱?
5. 定期有三年的,五年的,十年的。您存哪种?

Activity 4

A.
1. a 2. d 3. a

🎧 听力材料
男:同志,我这1,400美元,600换成人民币存起来,800存美元。今天牌价是多少?
女:600美元换人民币,牌价是733.89。
男:733.89,不高啊。
女:换吗?
男:啊,换!不换也没有更高的不是?
女:您这是1,400美元,换600,剩下的美元先存着,是吧。

男：嗯。
女：您先填美元的金额，一千四。
男：我这写了人民币了。
女：啊，写的人民币啊。人民币应该是4,403.34。全部都存是吧？
男：对，都先存起来。

B.
phone number; signature

🎧 听力材料
男：这个地方我写什么？
女：这个空着，我来写。你的电话要填上。
男：电话？我是来这旅游的，没电话。
女：那你住在哪呢？
男：我亲戚家里。
女：就填你亲戚家电话也行。
男：亲戚家电话也行啊。
女：右下角签个名。

C.
A: Can I check my deposit balance here if I deposited somewhere else?
B: If you deposited in Beijing, you cannot. You can check only if you have a debit card.

🎧 听力材料
男：像我这个在别的地方的中国银行的存折，你这儿查不到里边有多少钱吧？
女：哪个地方？
男：北京的。
女：北京的查不了。北京的账户只能用银行卡查。卡在什么地方都能查。

Activity 5

1. His grandmother cooked him a bowl of noodles and also gave him some small changes to buy things he liked.
2. He saved up and later opened a saving account.
3. Have birthday party with birthday cake, candles, and birthday gifts.

Activity 6

A
1. Real time rate.
2. Hong Kong, the U.S., Switzerland, Singapore, Japan, Canada, Australia.

B
1. Industrial and Commercial Bank of China
2. There is no break time for personal banking. There is break time for business banking and no service is available on weekends and holidays.

C
1. ATM
2. 电话机，电视机，打印机，传真机

D
1. Domestic currency and foreign currencies.
2. Anytime.

E
24-hour ATM banking service

Activity 8
答案略

Activity 9
答案略

第六课　看病

一、导入

Exercise 1
答案略

Exercise 2
答案略

二、课文

Exercise 1
1. c　2. b　3. c　4. a　5. c　6. c

Exercise 2
答案略

Exercise 3
1. I got a heavy cold last week.
2. In China's hospitals, you have to register first

before you see the doctor.

3. There are many patients in the hospital. You have to wait in line before seeing a doctor. It's very troublesome.
4. The doctor first gave me a prescription, then I went to the pharmacy to buy the medicine.
5. He is a heart disease specialist.
6. In America, people usually have their own family doctors.
7. Our insurance company pays most of our medical expenses.
8. You can go to the emergency department of the hospital if you suddenly get sick and don't have time to make an appointment in advance.

Exercise 4
答案略

Exercise 5
1. 错 2. 对 3. 错 4. 错 5. 对 6. 错
7. 对 8. 对

Exercise 6
答案略

Exercise 7
做多项检查；量体温；验血/尿；看大夫；付医药费；买医疗保险；保持身体健康；动/做手术

Exercise 8
1. 很不舒服 2. 量体温 3. 发烧 4. 看大夫/看病 5. 开车送我去医院/开车把我送到医院 6. 检查 7. 重感冒 8. 吃药 9. 重要
10. 多做运动/多锻炼

三、汉字

Exercise 1
答案略

Exercise 2
1. 在中国看病，第一次去得先买一本病历，然后去挂号。挂完号以后在候诊室那里等着护士叫号。
2. 在医院看病可够麻烦的，可能是因为病人多吧，到哪里都要等。

3. 在美国看病当然贵。不过一般人都有医疗保险，自己付小部分医药费后，剩下的由保险公司付。

Exercise 3
答案略

四、语言点

Exercise 1
1. Xiao Wang was accompanying his old classmate Xiao Liu, who came back from the States, to buy some clothes.
2. Don't just stand outside the room, come in and have a chat.
3. He likes singing while driving.
4. After the doctor gives you the prescription, you have to go to the pharmacy to buy medicines with the prescription in hand.
5. I haven't seen him for a long time. I don't know whether he is still alive.
6. When I saw her yesterday, she was busy preparing her class.

Exercise 2
1. 我什么都不想吃，只想喝杯茶。
2. 我哪儿都不想去，就想呆在家里看电视。
3. 天这么冷，谁都不想去海上。

Exercise 3
1. 现在才七点半，七点五十五才上课。你怎么来这么早？
2. 昨晚我和室友一起去看电影，晚上十一点才回家。
3. 星期天我通常十一点才起床。
4. 今天晚上我八点就得睡觉。

Exercise 4
1. 所有的维修费用由我公司付。
2. 这件事由你去做。
3. 这要由你做出决定。
4. 她大学一毕业就结婚了，现在已经有一个女儿了。
5. 昨天我太累了，一合眼就睡着了。
6. 这种舞很简单，你一学就会。

Exercise 5
答案略

五、语言运用

Activity 1

A.
患者——patient；初诊——first time to visit the hospital as patient；手册——manual, booklet；限制——limit, restriction

B. ID number, name, sex, age, marital status, ethnic background, occupation, workplace, home address, allergy history; check the box for how to pay—self, insurance or other. Words in the box mean the patient should keep this card and bring it with him/her for hospital visits.

Activity 2
答案略

Activity 3

1. His tooth aches when he drinks cold water. The tooth is also loose.
2. He wants to know if he has to do it every year.
3. The cleaning helps to protect teeth.
4. He should clean his teeth one to two times a year.

🎧 听力材料

女：有什么地方不舒服啦？
男：这边这个牙,有的时候喝凉水的时候会疼。然后我自己看了看,稍微有一点儿松动。不知道是什么原因。
女：看一下啊。张大点儿。这个牙还是好的。其他还有什么不舒服的？
男：别的没有什么。我想问个关于洁牙的问题。
女：什么问题？
男：这个洁牙每年都要做吗？
女：一年做两次啊。
男：可是我有一个同事。她就说最好不要洁牙,因为洁牙会把牙弄坏了。
女：你们对洁牙的看法不对。洁牙是为了更好地保护牙齿。一年做一两次。牙齿上有不干净的东西应该把它弄掉。

Activity 4

1. A pharmacy and an outpatient section of a hospital.
2. Second floor: surgery, pediatrics. Third floor first sign: ophthalmology, otolaryngology, dentistry, gynecology. Third floor second sign: rehabilitation and physical therapy, Chinese medical massage.
3. No, because there is no internal medicine department.
4. In an emergency, this is an emergency treatment center.

Activity 5

1. Because the medical services in the two countries are different.
2. According to one's needs and financial condition.
3. The family doctor is responsible for the patient's regular health maintenance and the treatment of common sicknesses.
4. The patient pays a fee when going to the clinic. The insurance company bills him afterwards.

Activity 6
答案略

Activity 7

小明今天突然牙疼,痛得他汗都出来了。他想,不行,我得去看牙医。他马上打电话到一个牙医诊所,预约看牙医。他到了那家牙医诊所。没想到,那里有很多人在等着看牙医。小明疼得不行了,便在大街上找到了一个街头牙医给他看牙。那个牙医说,你的牙有问题,我要替你拔牙。小明想,应不应该让那个街头牙医拔牙呢？（学生可以根据自己的想象接着写下去。）

Activity 8
答案略

第七课　谈天气

一、导入

Exercise 1
答案略

Exercise 2
答案略

二、课文

Exercise 1
1. 对 2. 错 3. 对 4. 错 5. 错 6. 错
7. 对 8. 对

Exercise 2
答案略

Exercise 3
1. 天气预报 2. 多云 3. 西北风 4. 最高温度 5. 最低温度 6. 晴 7. 东南风

Exercise 4
1. 外面很冷，你最好穿厚衣服。
2. 你对那儿的气候习惯了吗？
3. 我家乡的冬天不仅下雪，还很阴冷。
4. 南京的夏天非常热，所以被称为火炉城市。
5. 美国的南部经常刮大风下暴雨。
6. 加州湾区的冬天不冷，因此不需要暖气。

Exercise 5
1. b 2. c 3. c 4. a 5. b 6. c 7. b 8. b

Exercise 6
答案略

Exercise 7
1. 干燥的气候 2. 最好的季节 3. 万里无云
4. 四季如春 5. 深蓝色的大海 6. 雷阵雨
7. 蓝色的天空 8. 靠近海 9. 不要着急
10. 做一个简单的介绍

Exercise 8
答案略

三、汉字

Exercise 1
答案略

Exercise 2
1. 北京，多云，风向，西北风，风力5到6级，最高气温零上5摄氏度，最低气温零下3度。
2. 这几年北京的夏天一年比一年热了。
3. 加州湾区的天气挺好的。夏天不热，冬天不冷，晴天比阴天多。不像中部跟南部，不是刮大风就是下暴雨。

Exercise 3
答案略

四、语言点

Exercise 1
1. 我想我不是在家看电视，就是去买东西。
2. 我每天不是坐公共汽车去上学，就是骑自行车去上学。
3. 我们家不是我妈妈做饭，就是我爸爸做。
4. 我每天下班以后，不是去操场跑步，就是去体育馆打篮球。

Exercise 2
答案略

Exercise 3
1. 生意做得一年比一年大。
2. 可以说是一天比一天好。
3. 现在的房价是一月比一月高。
4. 现在的生活真是一年比一年好啊。

五、语言运用

Activity 1
7月4号的天气跟5号的差不多一样。
7月6号夜间的气温比4号和5号低。
7月5日白天的气温比7月4日的低，比7月6号高。
4号和5号没有雨，6号有雨。
4号和5号白天都是南风，6号白天是东北风。
4号夜晚是北风，5号6号夜晚都是东北风。

Activity 2
1. b 2. c 3. c

🎧 听力材料
现在播送本省气象情报。8月全省月平均气温26.8℃，西北部及南部山地大都在22~27℃之间。与去年同期相比，全省平均气温降低0.4℃。

全省8月份平均降雨量150.3毫米。西南山地降雨量140~190毫米，东北部、中部和南部降雨量200毫米以上。与去年同期相比，全省月平均降雨量减少3.7%。

Activity 3

Where	Weather Condition
Scotland	snow and cold weather
Sichuan	rain and flood
The Earth	global warming

| California | sunny |
| Northern England | snow and cold weather |

听力材料

1. 大雪和寒冷的气温在苏格兰和英格兰北部地区给出门的人带来很大麻烦。
2. 美国加州地区近日阳光灿烂，万里无云，天气情况非常好。
3. 一周来的连日暴雨在四川部分地区造成洪涝灾害。
4. 全球气候变暖加快了北极地区冰川融化的速度。

Activity 4

A.
1. It's foggy
2. Yes.
3. The temperature will go down at night.

B.
1. Because it is summer and they do not want to be exposed to the strong sunlight.
2. They should use sunscreen.
3. 阳光
4. 带面罩；蒙面；把面孔遮起来；戴上了面具或者围巾

Activity 5

答案略

Activity 6

今天天气很好，阳光灿烂，万里无云。小华放学以后，一个人上街走走。她来到一个农贸市场，买了一些菜。没想到天气突然变了，天上一下子出现了乌云，还有打雷和闪电。小华没有带雨伞。她赶紧往家里跑，可是还是下雨了。结果她身上都淋湿了。（学生可以根据自己的想象接着写她回家以后的情形。）

Activity 7

答案略

Activity 8

答案略

第八课　订旅馆

一、导入

Exercise 1

答案略

Exercise 2

答案略

二、课文

Exercise 1

1. 错　2. 对　3. 对　4. 错　5. 错　6. 对
7. 错　8. 对

Exercise 2

答案略

Exercise 3

1. 订　2. 打听　3. 出　4. 省　5. 付　6. 报
7. 安排

Exercise 4

1. 飞回中国　2. 去暖和的地方　3. 在网上订旅馆　4. 给人添麻烦　5. 付押金　6. 省事
7. 打听地址　8. 出一个好主意

Exercise 5

1. b　2. c　3. c　4. a　5. c　6. c　7. a　8. c

Exercise 6

答案略

Exercise 7

1. 你不用担心　2. 几个步骤　3. 还有许多普通的旅馆　4. 旅游旺季　5. 你选择一家合适的旅馆　6. 改变主意

Exercise 8

1. 改　2. 暑　3. 困；很　4. 定；程　5. 淡
6. 邮

Exercise 9

答案略

三、汉字

Exercise 1

答案略

Exercise 2

1. 我暑假的时候打工，挣了一点儿钱。今年寒假想到中国去玩玩。
2. 我在昆明有个老同学，请我住到他家去。我住到他那里去怎么样？
3. 订旅馆的时候，你只要报上姓名和电话号码就行了，连押金都不用付。

Exercise 3

答案略

四、语言点

Exercise 1

1. 今天的作业太难，我还没做完呢。
2. 已经学到第三个单元了。
3. 旅馆上星期就订好了。
4. 对不起，已经卖完了。

Exercise 2

答案略

🎧 听力材料 Dialog 1

小红：小强，你吃完晚饭了吗？
小强：还没有呢。有事吗？
小红：你吃完晚饭，能不能马上来我家帮我修一下电脑？
小强：对不起，不行。今天我有很多作业。我得先做好作业，然后才能去你家。
小红：好，我等你。

🎧 听力材料 Dialog 2

小方：张华，昨天你在图书馆看到小军了吗？
小华：看到了。他在那儿还书。
小方：我们三个明天放学以后一起去踢足球的事，你跟他说好了吗？
小华：说好了，你放心吧。

Exercise 3

1. 来美国的第一个月，我妈妈连一句英文都/也听不懂。
2. 在中国，连三四岁的小孩都/也会背唐诗。
3. 她一起床就上班去了，连早饭都/也没吃。
4. 他激动得连话都/也说不出来。
5. 我先生有时连周末也要去公司加班。
6. 他到现在连开车都/也不会。

Exercise 4

答案略

Exercise 5

答案略

🎧 听力材料

甲：小李，下星期二的下午，我想请你跟我去听一个音乐会，你能不能请到假？
乙：我很喜欢听音乐会，只要我公司的老板同意我请假，我就跟你一起去。
甲：听完音乐会，我们再找个饭馆好好地吃一顿，怎么样？
乙：没问题。只要你请客，我就一定陪你去。

五、语言运用

Activity 1

答案略

Activity 2

A.

1. Hotel room(s); plane, train and bus ticket.
2. The time for checking in and out.
3. The number of rooms to reserve.

B.

1. China Travel Agency and a hotel.
2. A hotel in Shanghai.
3. This is an inn.
4. Deposit valuables.
5. Hotel reservation.

C.

答案略

Activity 3

1. a 2. b 3. c

🎧 听力材料

男：问一下，在这个地方开房间要什么证件？
女：身份证就可以啦。
男：身份证。要是我是国外来的，没有身份证，用什么证件？护照可以吧？
女：护照可以啊。
男：要不要交押金？
女：要。
男：多少钱押金？
女：如果是住八十的房，交两百。
男：八十的房，总共交两百块钱的押金。嗯，你们这儿什么时候退房？
女：什么？
男：退房是什么时间？

女：中午12点以前。

男：中午12点钟以前。那房间里有单独的洗澡间，不是公用的洗澡间吧？

女：单独的。

男：单独洗澡间。热水，24小时热水？

女：嗯。

男：电视电话都有么？

女：都有。

男：那八十块还可以。好，谢谢啊。

Activity 4

A.

Passage One
1. by train
2. by bus
3. 30 yuan for a room not overlooking the river, 40 yuan for a room with river scene.
4. Some tourist told me it was not good.
5. hot water, TV
6. part of the river scene, as pretty as a painting.

Passage Two
1. online
2. in a street near the central square of the city
3. 24 hours check-in
4. group dorm
5. any three of the following:
• locker in the dorm
• bedding and towel
• kitchen privilege
• breakfast included
• free 24 hour Internet

B.
答案略

Activity 5
1. b   2. d   3. a   4. c

Activity 6
答案略

Activity 7
答案略

第九课　游览

一、导入

Exercise 1
答案略

Exercise 2
答案略

二、课文

Exercise 1
1. 错   2. 错   3. 对   4. 错   5. 对   6. 对
7. 错   8. 错

Exercise 2
答案略

Exercise 3
1. 打算   2. 逛逛/游览   3. 听说   4. 建议
5. 游览/逛逛

Exercise 4
1. 游览   2. 大都市   3. 风景点/景点   4. 一首歌   5. 美如水   6. 壮如牛   7. 名胜古迹
8. 长城

Exercise 5
1. b   2. c   3. b   4. a   5. c   6. b   7. c   8. c

Exercise 6
答案略

Exercise 7
1. 抵达   2. 欣赏   3. 前往   4. 入住   5. 飞往   6. 穿越   7. 乘坐   8. 途径

Exercise 8
1. 容   2. 风   3. 奇   4. 唐   5. 码   6. 场
7. 址   8. 览

三、汉字

Exercise 1
答案略

Exercise 2
1. 李小姐，你去过中国大陆吗？我五年前去大陆参观过。
2. 在北京、西安、上海这些大城市，可看的名胜古迹一定很多，你说我应该看什么景点呢?

3. 有一首歌说阿里山的姑娘美如水,阿里山的小伙子壮如山,你听说过这首歌吗?

Exercise 3
答案略

四、语言点

Exercise 1

Dialog 1:
A: 小李,你去过北京吗?
B: 去过,是去年夏天去的。
A: 你游览长城了吗?
B: 当然了。

Dialog 2:
A: 你去过哪些国家?去过法国吗?
B: 我去过英国和德国,可是还没去过法国。
A: 你计划去法国吗?
B: 是的,我明年去。

Dialog 3:
A: 你吃过广东的点心吗?
B: 吃过,我经常在旧金山中国城吃。我很喜欢。你呢?你吃过吗?
A: 我还没吃过。不过我会去吃的。

Exercise 2
1. 了   2. 过   3. 着   4. 了   5. 着   6. 过
7. 着   8. 过   9. 了   10. 着,着

Exercise 3
1. 可看的名胜古迹太多了。
2. 可玩的地方不多。
3. 可说的内容/活动不太多。
4. 可买的东西不少。

Exercise 4
1. 像水一样美;像山一样壮   2. 坐;到达;看看城市的样子   3. 去;然后去   4. 到达;看有名的   5. 坐;到达;住进   6. 坐;去;路上经过;到达   7. 坐车去;在路上看;农村风景   8. 早饭;坐飞机;经过;转飞机   9. 包括;和;不包括

五、语言运用

Activity 1
答案略

Activity 2
A.
1. Beijing is big and has many tourist spots. Hotels are expensive as well.
2. The small hotels near Qianmen street.
3. The Tiannanmen Gate Tower and History National Museum.
4. Shopping and tasting the local snack foods.

B.
1. b   2. d   3. c   4. a

Activity 3
答案略

听力材料
北京一日游,上车了,上车了,马上就开。大观园、颐和园、香山、八达岭长城、十三陵。上车了,上车了,坐满就开,十五块一天。

Activity 4
答案略

Activity 5
1. b   2. a   3. b

听力材料
1. 你说北京有哪些新的景点应该去看呢?
2. 如果我想去看长城应该坐什么车呢?
3. 你能给我介绍一家旅馆吗?

Activity 6
今年暑假,我和我的好朋友保罗到中国游览。我们乘飞机抵达江西省的一个风景名胜区。我们入住旅店和吃过晚饭以后,就到湖里划船。那时候已经是夜晚了,月亮出来了,可以看见满天的星星。划了一个钟头的船,我们又在夜色下登山。我登过很多山,可是从来没在晚上登过山。登上山顶以后,我们看到山下的河流和许多山峰,真是"一览众山小"啊!(学生可以根据自己的想象自由发挥。)

Activity 7

答案略

Activity 8

答案略

第十课　运动

一、导入

Exercise 1

答案略

Exercise 2

答案略

二、课文

Exercise 1

1. 错　2. 对　3. 错　4. 对　5. 对　6. 对
7. 错　8. 错

Exercise 2

答案略

Exercise 3

1. 踢；打　2. 骑　3. 约　4. 看　5. 培养　6. 登

Exercise 4

1. 我们什么时候、在哪儿碰头/见面
2. 到时见
3. 你肯定不会迷路吧
4. 我也知道在哪儿/什么地方过马路

Exercise 5

1. 对　2. 错　3. 错　4. 对　5. 错　6. 错
7. 对　8. 错

Exercise 6

答案略

Exercise 7

1. 转播　2. 填　3. 买　4. 提供　5. 改变
6. 抽

Exercise 8

1. 届　2. 签　3. 成　4. 请　5. 抱　6. 项
7. 棒　8. 游

三、汉字

Exercise 1

答案略

Exercise 2

1. 我喜欢参加体育活动，跑步、健身、游泳、骑车、散步、登山，我都喜欢。
2. 其实，跟别人一起玩比自个儿单独玩有意思多了。跟别人一起运动，不但能够发展友谊，也能够培养团队精神。

Exercise 3

答案略

四、语言点

Exercise 1

1. 比上次听力考试难多了。
2. 比我起床早半个小时。
3. 比那座城市的人口多很多。
4. 比我爸爸挣钱要少一些。

Exercise 2

1. 这件夹克虽然很便宜，可是/但是式样过时了。
2. 虽然春天来了，但是/可是天气还是很冷。
3. 张教授虽然退休了，但是/可是他还很关心他的学生。
4. 虽然我的个子很高，但是/可是我弟弟比我还要高。

Exercise 3

1. 我妹妹喜欢读书。中文书、英文书、法文书，她都读。
2. 他一句话都没讲，就走了。
3. 中国饭\日本饭和韩国饭，她都爱吃。
4. 绿茶和咖啡，我都喝。

Exercise 4

答案略

听力材料

甲：你好，大卫，你好像有点不高兴，是吧？
乙：是啊！我很想听一场音乐会，可是，我昨天排队排了两个小时也没买到票。
甲：你说的是星期六晚上在人民广场的那场？别急，我能"走后门"帮你搞到。
乙：你是说，你要从后门进去就能买得到？我昨天没看到什么后门，只看到了一个卖票的大窗口。
甲：嘿，我说的"走后门"不是这个意思，我是说，我要找我的朋友帮忙买。
乙：那，你是不是经常"走后门"买东西？
甲：以前是，现在不怎么需要"走后门"了。

五、语言运用

Activity 1

1. tennis   2. table tennis   3. tennis   4. basketball   5. badminton   6. soccer   7. soccer   8. volleyball

Activity 2

答案略

Activity 3

A
1. The 29th Olympic Games.
2. Five.
3. They sold well, but many people said they were too expensive when sold as a set.

B
1. Table tennis.
2. In gyms and community centers.
3. No.

Activity 4

1. Basketball team members should go to the sports field at 3 pm.
2. Other students are welcome to watch the volleyball match.
3. Badminton team members should go to the gym for training on Saturday morning.

🎧 听力材料

1. 现在广播通知：今天下午四点钟我校篮球队将和八中篮球队举行篮球比赛。请校篮球队的队员下午三点到操场集合。
2. 同学们，今天下午下课以后，校排球队将和第三女中排球队在西操场举行友谊比赛。欢迎同学们前去观看并为我校排球队加油。
3. 现在广播通知：校羽毛球队的同学请于本周星期六上午到学校体育馆参加训练。

Activity 5

1. b   2. c   3. b   4. d

🎧 听力材料

1. 我喜欢看体育比赛，不喜欢参加体育活动。
2. 美国的篮球运动非常普及。
3. 乒乓球运动在中国有很长的历史了。
4. 我们学校明天开秋季运动会。

Activity 6

A.
1. c   2. d   3. d

B.
答案略

Activity 7

答案略

Activity 8

答案略

第十一课　娱乐活动

一、导入

Exercise 1

答案略

Exercise 2

答案略

二、课文

Exercise 1

1. c   2. b   3. c   4. c   5. c   6. b

Exercise 2

答案略

Exercise 3

1. 弹；拉   2. 拍   3. 提高   4. 表演   5. 组织
6. 编   7. 跳   8. 搞好

Exercise 4

1. 弹钢琴和吉他
2. 特别是中国民族歌
3. 你会跳芭蕾舞吗
4. 在歌舞团当舞蹈演员

Exercise 5

春节联欢晚会	
时间	除夕晚上

节目形式	唱歌、跳舞、相声、小品、杂技、戏曲
演出的艺人	大陆的影视明星、港台的著名歌手、小童星
最感人的节目	以诗歌朗诵为主的抗冰雪灾害的赈灾节目

Exercise 6
答案略

Exercise 7
1. 例外 2. 赢得 3. 转播 4. 象征 5. 吸引 6. 凑凑热闹

Exercise 8
1. 联 2. 夕 3. 富 4. 声 5. 明 6. 龄 7. 假 8. 掌

三、汉字

Exercise 1
答案略

Exercise 2
1. 我发现我们的学生里，有很多人喜欢文娱活动，我想组织一个学生歌舞团，教他们中文歌曲和舞蹈。
2. 那天我到学生中心去，看见咱们班的几个同学在唱中文歌，他们唱得可好了。
3. 我们班的两位女同学钢琴都弹得不错。她们可以独奏，也可以伴奏。

Exercise 3
答案略

Exercise 4
安按完玩园远院很恨银跟根抱饱跑炮住注亲新清请情晴果吗妈线钱签检捡验险如什怕拍伯柏近相想箱意思账张涨邮油早古姑固估呆保部计

四、语言点

Exercise 1
1. 他把那个小男孩打了。/ 那个小男孩被他打了。
2. 小飞把我的英汉词典借走了。/ 我的英汉词典被小飞借走了。
3. 医生把他爷爷救活了。/ 他爷爷被医生救活了。
4. 这首歌把我们深深地感动了。/ 我们被这首歌深深地感动了。
5. 他把我的新衣服弄脏了。/ 我的新衣服被他弄脏了。
6. 最近经济不好，公司把我的太太解雇了。/ 最近经济不好，我的太太被公司解雇了。

Exercise 2
1. 小红的歌唱得还不错。
2. 大卫的中文说得挺流利的。
3. 我的酒喝得不多，才喝了两杯。
4. 听到这个好消息她高兴极了。

Exercise 3
答案略

Exercise 4
1. 要不是明天考试，我现在就出去玩了。
2. 要不是你们帮忙，我不会进步得这么快。
3. 要不是我们跑得快，我们就赶不上火车了 / 火车早就开走了。
4. 要不是家庭的支持，我不会有这样好的成绩。
5. 要不是我们及时把她送到医院，她就死了。
6. 要不是我亲眼看到，我还真不相信呢。

Exercise 5
1. I looked at it and understood right away.
2. The question put me on the spot.
3. He was running too fast to stop suddenly.
4. He bounced to his feet at the sight of her.
5. I have not seen her for years, she seems to have suddenly aged a lot.
6. He ate the whole pack of candies at once.

五、语言运用

Activity 1
1. The solo and chorus.
2. The ethnic, modern and international dance.
3. Music pieces.
4. The mini drama and skit.

Activity 2
1. 中文系春节联欢会
2. 1-b 2-a 3-c

听力材料

昨天下午，中文系举行了春节联欢会。参加联欢会的师生表演了中文歌舞、戏剧小品、合唱独唱、乐器演奏等节目。中文系二年级的同学演唱了《半个月亮爬上来》。三年级的同学表演了话剧《茶馆》的片段。一年级的同学表演了舞蹈《新疆是个好地方》。这些节目都得到了观众的热烈掌声。

Activity 3

A.

1. At a university in Texas, where it was presented at the Chinese New Year celebration.
2. There are lots of Chinese in California.
3. He thought it was good exercise and also artistic.
4. He asked some Chinese.
5. No, there were two girls from other countries also learning.
6. The first set which is not very complicated.

B.
1. 错 2. 对 3. 对 4. 对

Activity 4
答案略

Activity 5
答案略

Activity 6
答案略

Activity 7
答案略

第十二课　中国人的节日

一、导入

Exercise 1
答案略

Exercise 2
答案略

二、课文

Exercise 1
1. 错 2. 对 3. 对 4. 错 5. 对 6. 错
7. 错 8. 对

Exercise 2

中国传统节日	农历日期	主要活动
春节和元宵节	初一到初十五	拜年，吃饺子，吃元宵
清明节	三月	扫墓
端午节	五月初五	龙船竞赛，吃粽子
中秋节	八月十五	赏月，吃月饼
重阳节	九月初九	登高赏秋

Exercise 3
1. 过 2. 留 3. 扫 4. 看重 5. 保留
6. 赏 7. 拍摄 8. 谈论

Exercise 4
1. 传统 2. 民族 3. 季节 4. 丰收
5. 象征 6. 习俗 7. 月饼 8. 明月

Exercise 5
1. 对 2. 对 3. 错 4. 错 5. 对 6. 错
7. 对 8. 对

Exercise 6
答案略

Exercise 7
1. 搞；办 2. 围 3. 感受 4. 播放
5. 包 6. 收拾

Exercise 8
1. 糖 2. 情 3. 醒 4. 得 5. 氛 6. 受
7. 赶 8. 饺

三、汉字

Exercise 1
答案略

Exercise 2

1. "一年之计在于春。"马上就要过春节了。你对新的一年有什么安排吗？
2. 我都想好了：农历春节，初一到初五到各处拜拜年，正月十五上老丈人家吃元宵。三月清明节陪我父母给我爷爷奶奶扫墓去。
3. 五月初五端午节我计划跟朋友去南方拍摄龙船竞赛，顺便尝尝地道的南方粽子。
4. 八月十五中秋节，我准备跟父母和我爱人一起过，吃吃月饼，赏赏月。重阳节是九月初九，我们老同学在香山有个聚会，大家一起去登山。

Exercise 3
答案略

四、语言点

Exercise 1
1. 中秋节在家里赏赏月
2. 街道打扫得干干净净
3. 说说你的计划
4. 大大方方的女孩
5. 吃完饭看看书写写字
6. 字写得清清楚楚
7. 现在该学习学习了
8. 大大的眼睛长长的头发
9. 穿得暖暖和和
10. 春节时到处是热热闹闹的情景
11. 早早儿就起来打球
12. 休息的时候喜欢唱唱歌跳跳舞

Exercise 2
1. There are four girls in our class. Every one of them is pretty.
2. Seeing the plates of fresh fruits on the table, I couldn't help but want to eat some.
3. Meals are eaten little by little. Matters are handled piece by piece.
4. Back at his Alma Mater, he recalled what he had experienced there, one event after another.
5. In order to help me pronounce the four tones correctly, the teacher time and time again required me to read the text aloud.
6. He read the book carefully, page by page.
7. My family is from the south and we have rice for all our meals. His family is from the north and all their meals are wheat-based.
8. All roads lead to Rome. You have your idea and I have mine.

Exercise 3
1. 货物倒是很全
2. 倒是很聪明
3. 病倒是好了
4. 可家具倒是不少

五、语言运用

Activity 1
1. 灯笼。对联：平安全家福，吉祥万事兴。
2. 鱼，谐音"余"，代表家里有钱。"富贵有余（鱼）"。
3. 节日的礼品袋，上面的字是"福"和"吉祥"。
4. 春节时装钱用的红包。上面的字是"万事如意"和"贺"。

Activity 2
答案略

Activity 3
答案略

Activity 4
Summary
　　两个同学听说别班的同学中秋节的时候要出去玩，去北海公园划船，还吃月饼，赏月，非常高兴。他们决定也参加这个活动，不管他们的老师高兴不高兴。

🔊 听力材料
男：洪宁,我听说三班中秋节的时候要出去玩。
女：是吗？去哪儿？
男：我是在三班教室看到的通知。他们要去北海公园划船。
女：刘老师挺爱玩的。他去年重阳节的时候还带学生去登高了呢。
男：你说咱们班的王老师怎么就不带我们出去？
女：别提了。他就知道让咱们整天学习,学习。你想不想也去北海？
男：想啊。你去吗？
女：我也想去。他们都有什么活动？
男：除了划船以外，他们还吃月饼，赏月。
女：需要带什么东西吗？
男：每人交20块钱，另外带上点儿吃的和喝的。
女：我们去参加三班的活动，王老师会不会不高兴？
男：又不是上课时间，他管不着的。

Activity 5
A.
1.把南瓜掏空，做成脸的样子，有鼻子有嘴有眼睛，里面点上蜡烛或灯泡。点亮以后，光就从眼睛、鼻子、嘴透出来。
2. 不是，欧洲以前不用南瓜。
3. 这种灯是给一个叫作杰克的鬼夜里走路用的。
4. 红灯笼和对联。

B.
1. F 2. F 3. T 4. T 5. T

Activity 6
答案略

Activity 7
　　万圣节到了。傍晚的时候，家家户户门口都放着南瓜灯。窗户上挂了蜘蛛网和鬼怪。晚上，两个小孩子到一户人家去要糖。他们走上前去敲门，准备说："给我们糖，不然就给你麻烦。"门开了，他们看到一个戴着面具、穿着红衣服的"鬼"。两个孩子吓得马上就跑掉了。(学生可以根据自己的想象接着写下去。)

Activity 8
答案略

第十三课　家庭

一、导入

Exercise 1
答案略

Exercise 2
答案略

二、课文

Exercise 1
1. 对 2. 对 3. 错 4. 错 5. 对 6. 错

Exercise 2
答案略

Exercise 3
1. 留神 2. 耽误 3. 说起 4. 夸张
5. 结婚 6. 闷得慌 7. 习惯 8. 欢迎

Exercise 4
答案略

Exercise 5

父亲的亲属		母亲的亲属	
父亲的爸爸	爷爷	母亲的爸爸	姥爷
父亲的妈妈	奶奶	母亲的妈妈	姥姥
父亲的哥哥	伯父	母亲的哥哥	大舅/舅舅
父亲的弟弟	叔叔	母亲的弟弟	小舅/舅舅
父亲的姐妹	姑姑	母亲的姐妹	姨妈
父亲兄弟的孩子（比自己大）	堂兄堂姐	母亲兄弟姐妹的孩子（比自己大）	表哥表姐
父亲兄弟的孩子（比自己小）	堂弟堂妹	母亲兄弟姐妹的孩子（比自己小）	表弟表妹

Exercise 6
1. 对 2. 对 3. 错 4. 对 5. 错 6. 错
7. 错 8. 对

Exercise 7
1. 辈 2. 称 3. 堂 4. 惯 5. 折 6. 消
7. 龄 8. 途

Exercise 8
答案略

三、汉字

Exercise 1
答案略

Exercise 2
1. 来来来，我给你介绍一下。这是我爸爸，这是我妈妈。
2. 你家里只有三口人，你不觉得很没有意思吗？
3. 他就知道玩电子游戏，把学习都耽误了。你可别让他把你带坏了！

Exercise 3
答案略

四、语言点

Exercise 1
1. 我看得懂
2. 我跑不快
3. 我明天恐怕看不完
4. 我想我今晚做得完

Exercise 2
1. 这个任务非得老王去做才行。
2. 我非得卖掉房子才有钱送儿子去国外留学。

3. 非得下功夫才能学好一门外语。
4. 他家很远，非得开车去才来得及。

Exercise 3

1. 那里即使是夏天也很冷。
2. 即使现在房价很高，李小姐还是决定买一套三室的公寓。
3. 他即使失败了好几次，还是不愿放弃。
4. 即使在寒冷的冬天，她还是坚持每天上午跑一小时步。

Exercise 4

1. 凡是认识他的人都喜欢跟他交朋友。
2. 凡是你说的话，我都愿意听。
3. 凡是十八岁的公民都可以参加选举。
4. 凡是他教的课，我都做了笔记。

Exercise 5

1. My elder brother took off his overcoat and put it on me.
2. Today we had long distance running. Though I was very tired, I persisted in running to the end.
3. Would you please bring down the old picture on the wall for me?
4. These new words are very important. Please write them down.

五、语言运用

Activity 1

A.
1. b 2. c 3. a

B.

Family member	Job	Hobbies
Father	director of a post office	reading, collecting stamps
Mother	accountant in a factory	singing
Younger sister	high school student	English and history
Younger brother	middle school student	math, soccer
Me		literature and fine art

C.
1. 家里的女主人

2. 很好，常常看望老人，给他们买吃的。
3. 父亲还好，母亲有高血压。

Activity 2

答案略

Activity 3

A.
Summary
　　张华夫妻俩常常为周末应该去看谁的父母一事闹得不愉快。张华喜欢的生活方式是"自己两口子过"，就是不跟父母住，然后周末把双方的父母接到一起，出去玩玩。

🎧 听力材料
　　张华今年34岁，在北京的一家外资公司工作，父母都已经退休了，身体不太好。他太太的父母亲也已经退休。每到周末，张华都不知道是应该去看自己的父母还是去看岳父岳母。夫妻俩常常为这事闹得不愉快。张华觉得这种周末过得太累了。他喜欢的生活方式是"自己两口子过"，就是不跟父母住，然后周末把双方的父母接到一起，开车出去玩玩。
　　最近几年，中国的城市家庭结构正在发生变化。核心家庭，也就是夫妻俩和自己的孩子组成的小家庭，已成为主要的家庭形式。传统的三代同堂的家庭越来越少。

B.
1. Li Yaowen lives with his parents.
2. He can't decide between visiting the home of his father's parents or visiting the home of his mother's parents.
3. He wants to live with his wife only.
4. He will not visit his parents or his wife's, but encourage them to spend the weekend at his home.

Activity 4

1. b 2. c 3. a 4. d 5. a 6. c 7. d 8. b

🎧 听力材料
1. 你家里都有什么人？
2. 你父母做什么工作？
3. 杰克，你有大伯和叔叔吗？
4. 你有几个堂兄弟姐妹？
5. 你的表弟做什么工作？

6. 你是在哪里上的小学、中学和高中？
7. 你上大学以前工作过吗？
8. 你到什么地方旅游过？

Activity 5
答案略

Activity 6
今天是小王和小张结婚的日子。小王一大早就起了床，穿上了漂亮的西装。他妈妈帮着他穿好衣服，做好了各种准备。然后他坐着彩车去接新娘。他们的婚礼在饭店举行。在饭店里，小王和他的新娘小张站在一起，接受大家的祝福。婚礼完了以后，他们俩拿着糖果和烟给客人敬糖敬烟。（学生可以根据自己的想象自由发挥。）

Activity 7
答案略

第十四课　聚会

一、导入

Exercise 1
答案略

Exercise 2
答案略

二、课文

Exercise 1
1. 对　2. 错　3. 错　4. 对　5. 错　6. 对
7. 对　8. 对

Exercise 2
答案略

Exercise 3
1. 分手　2. 周游　3. 参军，退伍
4. 长见识　5. 精力充沛　6. 高就　7. 吃苦

Exercise 4
5, 2, 1, 7, 6, 8, 4, 3

今天在老同学聚会上见到你我非常高兴。虽然我们多年没见，可你还像以前那样年轻漂亮，一点也没变。知道你现在是一位中学老师我为你感到高兴，因为老师的工作很有意义。我呢，现在也挺好的，在部队当兵。我打算服役五年就退伍，后从军队拿一笔钱再去上大学。现在我们有了对方的电话号码和电子邮件地址，以后联系起来就方便了。希望能很快看到你的回信。

祝工作愉快，一切都好！

Exercise 5
1. 奶奶
2. 中秋节下午六点，在伯伯家
3. 两个菜
4. 清蒸大石斑鱼，西洋菜排骨汤
5. 下午五点五十分
6. 五个家庭，二十二个人
7. 鸡、鸭、牛肉、鱼、虾、各种蔬菜
8. 自助餐
9. 婶婶和姑妈
10. 小孩子们
11. 叔叔、伯伯、姑父们
12. 孩子们轮流登场表演节目（钢琴、唱歌、跳舞、武术）
13. 武术
14. 因为是我爸爸每个周末送我去学武术的。

Exercise 6
1. 不知不觉
2. 交流烹调经验
3. 轮流表演
4. 股票市场
5. 赢得热烈的掌声
6. 家庭聚会
7. 吃饱喝足

Exercise 7
1. 知　2. 股　3. 满　4. 调　5. 蔬　6. 饱
7. 虾　8. 碟

Exercise 8
答案略

三、汉字

Exercise 1
答案略

Exercise 2
1. 我想起来了。她是约翰的女朋友！不过，他们俩早就分手了。

2. 好久不见，你还是那么年轻漂亮。你先生也还是那么精力充沛。这些年在哪里高就呀？

3. 我说玛丽，以后咱们常联系好吗？能给我你的手机号码吗？

Exercise 3

答案略

四、语言点

Exercise 1

1. 学生们都站起来向老师问好
2. 可以去银行把钱存起来
3. 笑起来了
4. 看起来要下雨了
5. 想不起来她叫什么名字
6. 暖和起来
7. 马上坐了起来
8. 说起来容易，做起来难

Exercise 2

1. 上海的东方之珠是中国最高的建筑之一。
2. 小马是我大学时最好的朋友之一。
3. 苹果是我最喜欢吃的水果之一。
4. 杭州是中国最美的城市之一。
5. 这是我最常去买东西的商店之一。
6. 他爷爷是中国著名的科学家之一。

Exercise 3

1. 人可多了！足足有一百多人。
2. 可不好懂，我记得有一首诗足足花了我一个小时才读懂。
3. 她做的饭可好吃了，昨晚我足足吃了三大碗。
4. 哦，她离开这儿足足有一年了。
5. 比自己父亲大的称为"伯伯"；比自己父亲小的，则称为"叔叔"。

五、语言运用

Activity 1

A.

1. This is an announcement for an alumni reunion.
2. Improving oneself after graduation through continuous education and learning.
3. Participants pay for themselves.

B.

1. F 2. T 3. F 4. T

Activity 2

1. More than ten years.
2. He could not recognize some of his classmates.
3. He is now teaching Chinese in the U.S.
4. He can answer questions about studying in the U.S.

🎧 听力材料

各位老同学，大家好。转眼十几年不见了。刚才真不好意思，有的人都认不出来了。我吧，也没什么可多说的，就是75年高中毕业以后呢，我先到农村去了一年多。后来回北京到工厂工作。1978年我考上了北京外语学院。毕业后我在学校教英语教了十年。后来我出国留学，现在在美国教中文。各位的孩子如果有到美国留学的问题，找我。我一定帮忙回答。就说这些吧。谢谢。

Activity 3

答案略

Activity 4

答案略

Activity 5

1. c 2. d 3. a 4. a

Activity 6

答案略

Activity 7

王先生和太太到外国去旅游，并且在外国过了一个中秋节。中秋节的晚上，海湾的上空升起了一轮圆圆的月亮。在滨海大学，中国留学生正在举办庆祝中秋佳节晚会。王先生和王太太也去看中秋晚会的表演了。晚会结束以后，他们到一家华人超市买了一盒月饼，回到家里就在美丽的月光下赏月和吃月饼。两个人都觉得很开心。（学生可以根据自己的想象自由发挥。）

Activity 8

答案略

第十五课　社区

一、导入

Exercise 1
答案略

Exercise 2
答案略

二、课文

Exercise 1
2. √　3. √　5. √　6. √　8. √　10. √

Exercise 2
答案略

Exercise 3
1. 做义工　2. 感恩节聚餐会　3. 无家可归的流浪汉　4. 社区活动　5. 回馈社会
6. 赚钱　7. 美化环境　8. 维持交通秩序
9. 边远地区　10. 山区

Exercise 4
答案略

Exercise 5
1. b　2. c　3. c　4. b　5. a　6. b　7. c　8. b

Exercise 6
答案略

Exercise 7
1. 提议　2. 探望　3. 决定　4. 清洁
5. 照耀　6. 聚集　7. 躺　8. 冲浪　9. 光
10. 散落　11. 起来　12. 捡

Exercise 8
1. 他们为了清洁环境在做义工。
2. 我恨不得现在就拿到毕业证书。
3. 我要去医院探望生病的爷爷。
4. 太阳照不进来。
5. 我想游客们一定很赞赏你们的行为。
6. 这几天天气晴朗,我早就想出去玩儿了。

三、汉字

Exercise 1
答案略

Exercise 2
过去很多中国同学问过我,是不是只有流浪汉才到感恩节聚餐会这种地方来吃饭。我告诉他们,流浪汉当然会有几个,但是大部分人都不是无家可归者。

Exercise 3
答案略

四、语言点

Exercise 1
答案略

Exercise 2
1. 我们想来想去,最后总算想出了一个解决问题的好办法。
2. 我答完了题目,把考卷检查来检查去,检查了好几遍才交上去。
3. 她俩去了好几家商店,挑来挑去,总算挑到一件满意的礼物。
4. 这首诗他读来读去,最后才读懂了它的真正意思。

Exercise 3
1. 恨不得把它们都背下来
2. 他恨不得马上飞回家和家人见面
3. 恨不得自己能一下子长大,跟他们一起去上学
4. 恨不得有足够的钱把它们都买下来

Exercise 4
1. 老李对人很热心,总是乐于助人。
2. 马老师对她的学生一直是很负责的。
3. 她对自己的听力考试成绩不满意。
4. 他很忙,只是对我点了点头,没有说话。

五、语言运用

Activity 1
答案略

🔊 **听力材料**
李华,你好,我是张大民,给你打电话你不在家。好久没见面了。你最近还好吧? 明天是星期六,下午我和大卫去参加一个义务活动,到社区中心给无家可归的人办感恩节晚餐。你愿不愿意来? 如果你来的话,今天晚上给我回一个电子邮件。

Activity 2

1. A benefit sale.
2. It welcomes college students to come to teach in rural areas.
3. A Thanksgiving dinner party.
4. They were working as volunteers for the dinner party.
5. A free English class.
6. A beach clean-up event.

Activity 3

1. c　2. c　3. b　4. c

🎧 听力材料

在美国加州蒙特雷一个当地华人的联欢会上，美国青年艾杰斯演唱了一首中国歌。联谊会主席说，艾杰斯常常在华人社区做义工，人们觉得很奇怪：为什么一个美国人会去华人社区服务呢？

原来艾杰斯是美国国防语言学院中文系的学生。他以前曾去过中国当英语老师，对中国社会和文化有比较深的了解。他选择到学校所在地蒙特雷的华人社区做义工。他对做义工感到很快乐。他说："我在社区机构帮助厨房准备午餐，陪老人聊天，觉得生活很有意思。"通过到华人社区服务，艾杰斯学到了一些过去没有学过的新词语，进一步提高了他的汉语口语水平。

Activity 4

答案略

Activity 5

1. He attended a community dinner party.
2. They were giving back to the community for the help they received.
3. They collected trash and served guests.
4. Mostly local residents. They love the atmosphere of many people doing things together.

Activity 6

答案略

Activity 7

昨夜下了一场大雪。早上起来天晴了，到处都是白茫茫的。小区的房顶上和道路上满是雪。有的雪已经化了，道路又湿又滑，非常难走。几个年轻人看到这个情况，马上从家里走出来扫雪。他们慢慢地把雪扫到路的旁边去。行人对他们的行动都表示赞赏。有一位行人对他们竖起了大拇指，还有好几位行人对他们说："谢谢！"（学生可以根据自己的想象自由发挥。）

Activity 8

答案略

第十六课　公共交通

一、导入

Exercise 1
答案略

Exercise 2
答案略

二、课文

Exercise 1
1. 对　2. 错　3. 错　4. 对　5. 对　6. 错
7. 对　8. 错　9. 对　10. 对

Exercise 2
答案略

Exercise 3
1. 方便　2. 偏僻　3. 挤　4. 堵　5. 便宜
6. 免费

Exercise 4
答案略

Exercise 5
1. 对　2. 错　3. 对　4. 对　5. 对　6. 错
7. 对　8. 错　9. 错　10. 对

Exercise 6
答案略

Exercise 7
1. 坐公共汽车，坐长途旅游车，坐火车，坐飞机
2. 挤公共汽车，挤地铁
3. 订票，订旅馆，订座
4. 过马路，过年，过日子

5. 怀念在广州的生活，怀念家乡，怀念亲人
6. 改善交通状况，改善生活，改善生活环境
7. 修建地下铁道，修建公路，修建公寓
8. 缩小东西方的差距，缩小贫富差距，缩小城乡差距

Exercise 8

1. 闷热 2. 热闹 3. 嘈杂
4. 冷清 5. 繁忙

三、汉字

Exercise 1
答案略

Exercise 2

1. 在国内坐公交车很便宜。从前五毛钱可以坐好几站。现在贵多了，一上车起码一块钱，不管你去哪儿。
依我看，一块钱也不算贵。
2. 因为自己不开车，出门觉得不太方便。一出门就看到密密麻麻的人群，马路上满是汽车，连过马路都觉得十分困难，更不用说跟本地人一起挤公共汽车了。

Exercise 3
答案略

四、语言点

Exercise 1

1. 随便哪天都行
2. 随便什么茶，我都喜欢喝
3. 随便你走到哪里
4. 你就随便说两句吧
5. 他这个人说话很随便
6. 随便什么人都可以做
7. 我们家挺随便的
8. 我只是随便问问

Exercise 2

1. 依我看现在房价还不算低，还不是买房子的时候。
2. 依我看这样的事情多的是，一点都不奇怪。
3. 依我看要是不会说中文，到中国也不容易找到工作。
4. 依我看只要下决心，中文也不难学。
5. 依我看他们俩都合适。

Exercise 3

1. You sang so well. You sounded like a professional singer.
2. The child's grades have suddenly become so great that the father simply doesn't believe it.
3. The news has come so suddenly that I simply don't believe my ears.
4. You spend so much time playing games online. You are simply wasting your time.
5. Peking University and Tsinghua University both are the most famous universities in China.
6. Do you know which country won the most gold medals in this year's Winter Olympic Games?

Exercise 4

1. 他连中学都没毕业，更不用说研究生院了。
2. 他母亲连自己的名字都不知道怎么写，更不用说写信了。
3. 他连自己的山村都没离开过，更不用说出国旅行了。
4. 老王连自行车都买不起，更不用说汽车了。
5. 连外地人都知道，你这个土生土长的本地人就更不用说了。

Exercise 5
答案略

五、语言运用

Activity 1

1. On a subway train.

🔊 听力材料
乘客您好，欢迎您乘坐地铁列车。

2. Get on the bus through the front door and swipe your card.

🔊 听力材料
车辆进站，请注意安全。乘客您好，欢迎您乘坐120路无人售票车。请从前门刷卡上车。

3. Subway train. Jianguomen.

🔊 听力材料
列车运行前方，是建国门站。有在建国门站下车的乘客，请您做好准备。乘客们，建国门站是换乘车站。有去往东单、永安里方向

的乘客，请在建国门站下车。

Activity 2

1. He arrives in Beijing by air and goes home by taxi.
2. The train is new, with a berth for sleeping in a semi-open cabin.
3. No more ticket sellers, many lines share one bus stop, lines and ticket prices are clearly marked.
4. It was foggy.

Activity 3

News 1
b

🎧 听力材料

北京地铁公司负责人介绍说，地铁2号线正在改造，最近有时可能会出现列车晚点现象，会给乘客带来不便。负责人表示，2号线改造后将进一步提高运输能力。

News 2
1. d   2. b

🎧 听力材料

昨天，北京市发布了新的交通发展规划。五年以后，北京市地铁交通将达到561公里，乘坐地铁的人口将达到800万人。如今，很多人出门都习惯坐地铁，因此，地铁建设非常重要。除了四条地铁线将在五年内建成通车外，还将开通三条新地铁。

Activity 4

1. Park according to the rules.
2. The university is to the east and the hotel is to the south, the pedestrian-only street is to the west.
3. Choose the proper lane.
4. Yield to pedestrians.
5. Train K22 from Guilin to Beijing West Station departs at 7:34 am.
6. Right turn vehicle turns only on green and should yield to pedestrians and non-motor vehicles.
7. Be a responsible passenger. Do not carry dangerous things onto the bus. Board the bus one by one and guard your personal belongings well.
8. The Wangfujing subway station.
9. The taxi is downstairs and airport hotel is on this floor.
10. Scenic area. Motor vehicles are prohibited.

Activity 5

1. T   2. T   3. F   4. T

🎧 听力材料

大牛：喂，英子，我是大牛。
英子：大牛？你可好久没跟我联系了。
大牛：不好意思，太忙。我跟你说，我下个月回国，先到北京。到时候我请你吃饭。
英子：算了吧。你到北京来，你是客人，还是我请你吧。
大牛：有点事问你。我听说现在首都机场的大巴挺方便的，是吗？
英子：前不久我一个朋友来北京，我去机场接他就是坐的大巴，确实挺快的。
大牛：大巴班次多不多？
英子：挺多的，2线的15分钟一班车。
大牛：那看来挺方便的。
英子：你要是上网方便的话，可以到首都机场网站了解更多的大巴信息。
大牛：行，那谢了啊。
英子：你跟我还客气什么。要不干脆我接你去得了。
大牛：不用。到北京以后我再跟你联系。
英子：那也行。挂了啊。
大牛：挂吧。

Activity 6

答案略

Activity 7

周末到了。美英（或是别的女孩子的名字）拿起报纸，发现了一个美术馆展览的广告。美英决定去看展览。她本来打算坐公共汽车去。可是当她来到街上的时候，发现马路上很拥挤，马路上满是车，开得都很慢。美英想，如果坐公共汽车去一定会堵车。于是她改坐地铁了。（学生可以根据自己的想象接着写下去。）

第十七课　找工作

一、导入

Exercise 1
答案略

Exercise 2
答案略

二、课文

Exercise 1
1. 对　2. 对　3. 错　4. 对　5. 对　6. 对
7. 错　8. 错

Exercise 2
答案略

Exercise 3
1. 合适　2. 正式　3. 干净　4. 整洁　5. 紧张　6. 要紧　7. 迟到　8. 拿到

Exercise 4
1. 刮胡子
2. 找工作，找推销员
3. 发邮件
4. 了解市场
5. 提建议
6. 梳理头发
7. 写简历，写信
8. 发展经济

Exercise 5
1. 只想找离家近的工作
2. 提升机会多的工作
3. 请亲朋好友介绍
4. 亲自送给
5. 你对这个工作的兴趣
6. 热情　要大点声　有时要用你的眼睛来交流

Exercise 6
答案略

Exercise 7
1. a　2. d　3. b (c)　4. e　5. b (c)　6. b (f)

Exercise 8
答案略

三、汉字

Exercise 1
答案略

Exercise 2
1. 我是学工商管理的。下个月我就拿到硕士学位了。
2. 那份工作对你挺合适的。你不妨写一个简历给他们寄去。
3. 您说的话我都记住了，谢谢您。我的简历和申请信写好以后，我会用电子邮件给您发过来。

Exercise 3
答案略

四、语言点

Exercise 1
答案略

Exercise 2
1. 老师们总是对我们说，考试的时候千万不要粗心。
2. 你到了旧金山机场，千万别忘了给我们打个电话报平安。
3. 街上车很多，你过马路时千万要小心啊。
4. 亲爱的爸爸妈妈，你们千万要保重身体。

Exercise 3
1. 把吃的和喝的东西带进去
2. 开车过来看我们新买的房子
3. 刚刚走进去的那个人是谁
4. 把你的姓名、年龄、学历和工作经历填进去就可以了
5. 他特地走过来
6. 他每个周末都飞过来看我

Exercise 4
答案略

五、语言运用

Activity 1
答案略

Activity 2
1. Teaching Chinese.
2. He is experienced in teaching Chinese litera-

ture and writing, language and culture; he knows students' difficulties well and is able to teach in English; he gets along well with students
3. After August 2011.

Activity 3

1. Graduate degree in English.
2. Public relations.
3. No.
4. She took a course in international public relations and works part time in a PR company. She emphasizes that she is good at learning new skills.

听力材料

男：你好，请坐。我们看过你的简历和推荐信了，觉得很满意。今天先请你说说自己的情况。

女：好，可能您在我的简历中看到了，我是从外语学院英语系研究生班毕业的。毕业后在大学教书，到现在有十年了。

男：我们公司现在需要公关人员，你有公关这方面的经验吗？

女：虽然我没有公关方面的经验，但是我在大学里学过国际公关方面的课，所以申请这个工作也不能说跟我的专业完全不对口。另外，我除了教书，还在一家公关公司打过工，给他们翻译公关资料，因此我对公关公司的业务有所了解。所以我对做好公关工作还是比较有信心的。因为我觉得自己具备这个工作需要的条件。

男：请你说说是什么条件呢？

女：我是一个大学老师，现在大学对老师的要求比较高。除了每个学期的学生反馈以外，学校也定期对老师进行业务考核。在这种情况下，我很注意不断提高自己，来适应工作的需要。这也就是说我有比较强的学习能力。贵公司雇佣我以后，我会很快学习好公关方面的业务。

男：好，谢谢你来参加面试。两周后我们会通知你面试的结果。

女：谢谢。

Activity 4

1. Shopping guide
2. Waiter and waitress; odd-job man
3. A restaurant
4. Cashier: female below 35, with cashier experience; Security guard: male below 45 with experience in security jobs; Stockist: laid-off workers, below 40
5. Window 1. job fair and training; Window 2. employers offering jobs and individuals looking for jobs
6. personnel exchange; employment counseling
7. Three. A place for taking tests concerning personnel matters, a center for job training for demobilized service people and a center for job training.
8. Picture 6.

Activity 5
答案略

Activity 6
　　李明（或是别的男孩子的名字）刚刚大学毕业，拿到了学士学位。他照了一张毕业照，便开始找工作。他先到人才中心看招聘广告，可是没有看到什么好的工作。于是他上网去找，发出了很多份自己的简历。终于他收到了一个公司的信，让他去面试。李明去面试的时候，穿着整齐，举止大方，给面试的考官留下了很好的印象。（学生可以根据自己的想象接着写下去。）

第十八课　通讯

一、导入

Exercise 1
答案略

Exercise 2
答案略

二、课文

Exercise 1
1. 对　2. 对　3. 对　4. 错　5. 对　6. 错
7. 对　8. 错

Exercise 2
答案略

Exercise 3
website
web page
website address
friends on the web, Internet users
Internet users
Internet bar
Internet dating
Internet fans

Exercise 4
1. 讨厌　2. 盗用　3. 登录　4. 删除　5. 中毒
6. 攻击

Exercise 5
答案略

Exercise 6
答案略

Exercise 7
答案略

Exercise 8
答案略

三、汉字

Exercise 1
答案略

Exercise 2
1. 前天我在微博上看到一条消息：一家银行的网络遭到了黑客的攻击，很多用户的个人资料都被盗用了。
2. 随着电脑的用途越来越广泛，人们不禁要问：电脑能代替人脑吗？

Exercise 3
答案略

四、语言点

Exercise 1
1. 在中国，人们把老师称为园丁。
2. 中国人把广州市称为"花城"。
3. 人们把香港称为"东方明珠"。
4. 美国人把纽约称为"大苹果"。

Exercise 2
1. 她不禁哭了起来。
After learning the sad news, she couldn't help crying.
2. 我们不禁跳起舞来。
Hearing the lively music, we could not help dancing.
3. 随着他工资的不断提高，
Along with the constant increase in his salary, his family's life has become better and better.
4. 随着冬季的到来，
As the coming of the winter, many people go to the warm south to travel.
5. 但是我很喜欢看。
Although I don't know how to paint Chinese landscape paintings, I enjoy looking at them very much.
6. 但是他走起路来还很快。
Although his grandfather is already eighty years old, he is still very fast while walking.
7. 尽管他当时一句话都没说，
We all understood his meaning even though he didn't say anything at that moment.
8. 尽管外面在下大雨，
Although it was raining heavily, she still went out.

Exercise 3
1. 她年年看上去都是那样年轻，好像不会变老似的。
Every year she looks just as young as ever, as if she hasn't aged at all.
2. 他们班的老师事事都做得很认真。
Their class teachers do everything very seriously.
3. 他在那个公司上班的时候，月月都能拿到八千块钱的工资。
When he worked for that company, he earned 8,000 Chinese yuan every month.
4. 老师上课讲的话句句都很重要。
Every sentence that the teacher says in class is very important.
5. 他家住的那个小区很漂亮，处处都是鲜花和绿树。
His family lives in a very beautiful community

with flowers and trees everywhere.

6. 虽然我和女儿不在一个地方，可我们时时刻刻想着对方。
Though my daughter and I live in different places, we constantly think about each other.

7. 我母亲病重住院的那个月，我日日夜夜都在医院照顾我的母亲。
During the month that my mother was hospitalized for a serious disease, I took care of her day and night in the hospital.

8. 他天天早上坚持快走，锻炼身体。
He perseveres in power walking every morning for exercising.

9. 中国的北方过春节的时候，家家都要包饺子。
Every family in northern China makes dumplings to spend the Chinese Spring Festival.

五、语言运用

Activity 1
答案略

Activity 2
1. His cell phone bill for this month is extremely high.
2. In the past he subscribed to a plan that allowed unlimited calls.
3. His friend sold him a new service and changed his original calling plan to one with limited calls.
4. No, he wasn't.
5. No. His friend disappeared and his phone company would not not listen to his explanation.

🎧 听力材料

李：老王，我看你今天不高兴，怎么啦？
王：别提了。我刚收到这个月的电话账单，电话费高得你都不能相信。
李：多少钱啊？
王：两千多块！
李：什么？你打了那么多电话吗？
王：我是打了不少电话。可是我过去一直是打很多电话的，也没有收到过这么高的电话费账单。
李：你没有去手机公司问问吗？

王：问啦。他们说我买的服务是有时数限制的，超过了时数就要付超额的电话费。
李：那你以前怎么没有这个问题呢？
王：我以前的服务是包月的，没有限制。
李：那你这个月怎么变了呢？
王：前不久一个朋友向我推销一个手机服务，还给我一个400多美元的免费手机。我就买了他这个手机服务。那个人把我的包月服务改成了有时数限制的服务，可是没有告诉我。
李：那你应该跟手机公司说明情况，也应该跟那个人联系一下，让他帮你说明。
王：那个人现在换了手机号码，我找不到他了。手机公司根本不听我的解释。
李：咳，公司都是要赚钱的。算了，吃一堑长一智，你还是把账单付了吧。以后小心点就是了。

Activity 3
1. a   2. c   3. b   4. a

Activity 4
1. The advantages and disadvantages in using electronic technologies.
2. Online banking allows for 24-hour banking; email is fast and inexpensive; smart phones can be used to talk, take pictures, and surf the Internet.
3. No. Companies have endless workloads. Learning new technology requires a lot of time. Upgrading computers forces users to learn new things constantly.

Activity 5
A.
A conference for people to exchange their experiences using information technology in elementary schools. The picture shows a demo class in a multimedia classroom.
The Smart Board is linked with the desktop computers, enabling the teacher to show students' work on the Smart Board and assign learning tasks to each desk.

B.
1. recharging cards for cell phone

2. 10 cents per minute
3. monthly fee
4. The cheapest in the city

Activity 6

约翰16岁生日那天，他爸爸给他买了一个电脑。现在他可以在自己的房间上网了。很快他有了网瘾，每天放学以后就在房间里上网打电子游戏，跟网上的网友聊天。不久他在网上认识了一个叫玛丽的女孩。他们每天聊天，互相传送照片。很快约翰就喜欢上了玛丽。他在聊天的时候约玛丽见面。他们说好了星期天在电影院门口见面。到了那天，约翰来到电影院门口，等着他的不是一个年轻女孩，而是他的同班男同学。原来这是一个玩笑。

Activity 7

答案略

Activity 8

答案略

第十九课　自然灾害

一、导入

Exercise 1

答案略

Exercise 2

答案略

二、课文

Exercise 1

1. b　2. a　3. e　4. f　5. a　6. d
7. g　8. c

Exercise 2

答案略

Exercise 3

1. 干燥　2. 频繁　3. 发生　4. 引起
5. 结束　6. 损害

Exercise 4

答案略

Exercise 5

答案略

Exercise 6

答案略

Exercise 7

1. 发生　2. 遭受　3. 造成　4. 垮塌
5. 影响　6. 达到　7. 组织　8. 赶往
9. 抢救　10. 参加　11. 支援　12. 派出

Exercise 8

答案略

三、汉字

Exercise 1

答案略

Exercise 2

1. 咱们中国有句老话："天有不测风云，人有旦夕祸福"。
2. 四川大地震是中华人民共和国自1949年建国以来所遭受到的最严重的地震。
3. 2008年年初中国的雪灾和冰灾也是历史上罕见的。冰雪造成了交通全面瘫痪，很多人被困在了车站。

Exercise 3

答案略

四、语言点

Exercise 1

1. 很多人被暴风雪困在了车站。
2. 沙滩上的垃圾全都被忙了一整天的义工们捡起来了。
3. 我的车没有被我弟弟开走。
4. 桌上的玻璃杯没被我打破。
5. 她的行李在车站被人拿走了吗？
   她的行李在车站有没有被人拿走？
6. 我做的饺子被他们吃完了吗？
   我做的饺子有没有被他们吃完？

Exercise 2

1. 春节快到了，可我们的房子还没打扫呢。
2. 饭菜准备好了，都放在饭桌上了。
3. 这三本著名的中国小说都已经翻译成英文了。

4. 我是1984年在北京出生的。
5. 这幅中国画儿是她画的，不是我画的。

Exercise 3

1. 他自研究生院毕业以来，一直在这个语言学院教书。
2. 自母亲生病住院以来，他连一分钟都没离开过她的身边。
3. 他自出生以来，就一直住在这个小镇里。
4. 这是中华人民共和国自建国以来所遭受到的最严重的地震。

Exercise 4

1. 刚（刚）
2. 刚才
3. 刚才
4. 刚（刚）

五、语言运用

Activity 1

1. Mississippi River breaking its dyke again
2. Torrential rain hitting an earthquake-stricken area in the south
3. An earthquake making 1,200,000 people homeless in India
4. A fire breaking out in a natural gas field in Indonesia
5. The Philippines declaring a state of calamity against typhoon
6. Forest fire preventin in Hunan facing a serious situation

Activity 2

1. A fire broke out.
2. Eight died and about fifty were injured.
3. The incident happened after midnight.
4. The incident happened at the dance hall.

Activity 3

A

1. Strange sounds and lights.
2. They lived on the streets until it got cold and then they reinforced their beds to sleep indoors.

B

1. It is about the experience of a family of four during and after the Tangshan earthquake.
2. She would not leave the site of her old home where her new home was built.
3. Yes. The movie made a huge box office income.

Activity 4

News 1

What	forest fire
Where	northern California coast
When	in the past few days
Why	high temperature and dry vegetation
Who	firefighters of California
How	used helicopters to put out the fire

News 2

What	torrential rain
Where	provinces in southern China
When	during flood season
Why	it was rainy season
How	continuous, heavy rains over a large area

Activity 5

1. A typhoon.
2. Severe flood damages to houses, power lines and roads. Over ten people have died.
3. Not currently known.

听力材料

甲：你看今天的报纸了吗？
乙：没看，有什么新闻？
甲：福建沿海那边有很大的台风。
乙：是吗？那边好像总是刮台风。
甲：可不是嘛。报纸上说，台风带来了暴雨，造成了很严重的洪涝灾害。
乙：有没有死人？
甲：有十几个人死亡，还倒塌了不少房屋。
乙：我想交通什么的也一定瘫痪了。
甲：对，这里说，很多电线杆倒了，造成供电中断。很多道路都关闭了，不能通车。
乙：这样的天气不知道会持续多少天？
甲：不知道。但愿早点过去。

Activity 6

1. Qingliang Town, Guhe County; on June 29th; two people died and 125 were injured; some houses collapsed.
2. Factory employees donating money to earth-

quake-hit areas.

Activity 7

答案略

Activity 8

这是一个野营的地方。那里有规定,禁止生篝火。可是有三个野营的人,觉得晚上的天气很好,他们很开心,就在草地上点起了篝火。可是草太干了,一下子被点燃了起来。火在草地上蔓延开了,很快又烧着了帐篷,烧着了树枝。火越烧越大,三个人不知道怎么办,赶忙逃生。(学生可以根据自己的想象接着写以后的结果。)

Activity 9

答案略

第二十课　环境保护

一、导入

Exercise 1

答案略

Exercise 2

答案略

二、课文

Exercise 1

1. 空气污染；土地沙漠化
2. 只顾发展经济；不顾环境保护；次要地位
3. 长江上游的水土流失很严重；快要成第二条黄河了
4. 保护；省份
5. 改造项目；除了空气污染以外；噪音问题也很常见
6. 保证空气质量；限制；停产

Exercise 2

答案略

Exercise 3

1. g 2. d 3. b 4. a 5. c 6. h 7. e 8. f

Exercise 4

1. 数量 2. 严重 3. 保证 4. 改善 5. 习以为常 6. 使用

Exercise 5

1. 错 2. 对 3. 对 4. 错 5. 错 6. 错
7. 对 8. 对

Exercise 6

答案略

Exercise 7

答案略

Exercise 8

1. 节约 2. 融化 3. 降低 4. 开采
5. 淹没 6. 对付 7. 吸收 8. 关注
9. 砍伐 10. 上升

三、汉字

Exercise 1

答案略

Exercise 2

1. 现在中国的环境问题很多：人口爆炸、空气污染、水污染、土地沙漠化、水土流失等等。
2. 要彻底改善环境,还有很多事情要做,可不是一日之功啊。
3. 要解决这个问题,各国政府必须采取统一行动,一方面停止砍伐森林,另一方面大量植树造林。

Exercise 3

答案略

四、语言点

Exercise 1

1. 我知道你现在有很多困难,我将尽力帮助你。
2. 两年以后,我将和家人在北京再见。
3. 今年秋天我的儿子将去南京读大学。
4. 我们将在明天早上八点左右到达旧金山国际机场。
5. 如果更多的中国人有自己的车,空气污染问题将会变得更严重。
6. 如果哪一天世界上的电脑都突然停止了工作,我们的生活将会变成什么样子?

Exercise 2

1. 以减少每天在路上花的时间 (in order to reduce the time en route every day)

2. 以表示对妈妈的感谢 (in order to express thanks)
3. 以示区别 (to show the difference)
4. 以推广节约用电 (to promote electricity saving)
5. 一方面为自己能来美国学习感到高兴；另一方面又为离开家人感到伤心

When I left my hometown to study in the U.S., I felt happy that I could go to the U.S. for study; on the other hand I felt sad for leaving my family members.

6. 一方面限制汽车出行；另一方面鼓励市民多搭乘公共汽车

In order to ensure the quality of the air, the city government on the one hand limited the number of vehecles to go on the street; on the other hand, it also encouraged citizens to take more public buses.

7. 一方面是因为我没有时间；另一方面也是因为我没有足够的钱

I could not travel to Europe this time partly because I don't have time, and partly because I don't have money either.

8. 一方面可以挣一些学费；另一方面还可以增长社会知识

College students who work part time not only make some money for their tuition, they can also gain knowledge about the society.

Exercise 3

1. Do you know the percentage of Chinese speakers in the world population?
2. The number of senior citizens in Shanghai is increasing and already accounts for about twenty percent of the city's population.
3. This couch takes up one-fifth of the total space of this small sitting room. It would be better to replace it with a smaller one.
4. Females account for two-thirds of the one hundred centenarians.
5. There are 56 nationalities in China, of which the Han nationality accounts for 92 percent of the total population of the country.

Exercise 4

1. simplify the school admittance procedures
2. make the environment more beautiful
3. the machine has aged
4. lifestyle has been westernized
5. her illness has worsened
6. the trees and lawns in the residential community

五、语言运用

Activity 1

News 1
1. 21世纪环境与健康论坛
2. 一个民间团体
3. 土壤和水资源污染问题、蒙特雷半岛前军事基地民用化问题、居民社区饮用水安全问题

News 2
1. 长江流域的水污染
2. 工业、农业废水和生活废水的排放；垃圾增多

Activity 2

1-d 2-a 3-c 4-b 5-g 6-e 7-h 8-f

Activity 3

1. Keep the city clean and observe public ethics.
2. Protect the environment, protect the quality of the water. No pollution, no swimming and fishing.
3. The grass has life. Please do not trample on the grass.
4. Protect the plants and grass.
5. Protecting the green environment is our responsibility and obligation.
6. Color comes from greenery. Care makes the spring last.

Activity 4

1. 如果全球温度继续上升，将出现大雪崩、火山爆发和大海啸。
2. 在英国举行了气候变暖研讨会，地质学家们就气候变暖提出警告。
3. 全球必须减少废气的排放。

🎧 听力材料

9月16日讯，科学家15日警告，如果全球温度继续上升，阿尔卑斯山将出现大雪

崩，英国会发生大海啸。

星期二在英国举行的气候变暖研讨会上，地质学家们就气候变暖提出警告。科学家们表示，气候改变情况非常令人担心，全球必须减少废气的排放。科学家提出警告，如果全球温度继续上升，阿尔卑斯山将会出现大雪崩，德国会出现火山爆发，英国将发生大海啸。

Activity 5
答案略

Activity 6
1. a 2. a

Activity 7
答案略

第二十一课 文学艺术

一、导入

Exercise 1
答案略

Exercise 2
答案略

二、课文

Exercise 1
1. 对 2. 对 3. 错 4. 错 5. 对 6. 错
7. 对 8. 对

Exercise 2
答案略

Exercise 3
1. 风格 2. 定居 3. 逼真 4. 收集
5. 效果 6. 情节

Exercise 4
答案略

Exercise 5
1. 错 2. 对 3. 错 4. 对 5. 错 6. 对
7. 对 8. 错

Exercise 6
答案略

Exercise 7
1. 优秀 2. 优美 3. 一流 4. 流行
5. 成功 6. 成就

Exercise 8
答案略

三、汉字

Exercise 1
答案略

Exercise 2
1. 我很喜欢书法和国画。我特别喜欢张大千的山水画和齐白石画的虾。
2. 说到古玩，我还是喜欢中国的古玩。
3. 原来的那部《红楼梦》电视剧不是挺好的吗？情节的选择和演员的表演都挺不错的。难道重拍的一定比原来的好吗？

Exercise 3
答案略

四、语言点

Exercise 1
1. I think it is unnecessary to remake the TV series *Romance of the Three Kingdoms*. The original one is actually pretty good. Is it certain that a remake would be certainly better than the original?
2. Speaking of novels, I like the Chinese novel *Journey to the West* the most. The main character of the book, the Monkey King, has had a great influence on me.
3. When our company sent me to Shanghai for a business trip, I just had the opportunity to attend the opening ceremony of the Shanghai World Expo.
4. Cao Cao was originally a character in the novel *Romance of the Three Kingdoms*. Nowadays we often say, "Speak of Cao Cao, and he came." This refers to having someone arrive unexpectedly while you are talking about him.

Exercise 2
1. b 2. a 3. d 4. b

Exercise 3
答案略

Exercise 4
答案略

五、语言运用

Activity 1
答案略

Activity 2
答案略

🎧 听力材料

　　齐白石,中国著名美术家,湖南湘潭人,生于1864年。二十世纪20年代后住在北京。齐白石出生在一个农民家庭。他的画内容很多,包括风景人物,花鸟虫鱼。他还特别善于表现生活中常见的普通事物。比如青蛙、马、牛、小鸡、果子、蔬菜等。他的作品体现了一种农民画家的朴素。

Activity 3

Who called?	查理
For what?	本地有一家很大的古玩市场,不知道你有没有兴趣看?
When will be the event?	这个周末
How to get there?	我可以带你去,不远,开车十几分钟就到了。
What action required?	你可以随时给我打电话。你也可以星期五晚上给我家里打电话。

🎧 听力材料

　　你好,我是查理。我听说你特别喜欢古玩。本地有一家很大的古玩市场,不知道你有没有兴趣看?这个周末我没什么事,我可以带你去,不远,开车十几分钟就到了。你可以随时给我打电话。你也可以星期五晚上给我家里打电话。

Activity 4

A
1. 用马表达感情。
2. 奋发向上的精神。
3. 他的很多学生都是有名的艺术家。

B
1. 越来越多的人喜欢。
2. 家具是从农村进货的。
3. 让居室变得古色古香。

C
1. 北京
2. 美观大方,色彩鲜艳
3. 美化居室,赠送亲朋

D
1. 把笔伸到容器里面,反着画。
2. 逼真生动

Activity 5
1. 错　2. 错　3. 对　4. 错　5. 对　6. 对

Activity 6
　　周末到了。张大明翻开了本地的周报,看看有什么活动。报上说有电影,美术展,京剧和古玩拍卖。他决定去看美术展。他骑上自行车就去了美术馆。在美术馆,他遇到了一个女士叫王红红,她也非常喜欢美术。他们一见钟情,成了好朋友。看完画展以后,大明请红红去看了一场电影《冰海沉船》。看着看着,红红靠在大明身上睡着了。(学生可以根据自己的想象接着写以后的故事。)

Activity 7
答案略

第二十二课　谈教育

一、导入

Exercise 1
答案略

Exercise 2
答案略

二、课文

Exercise 1
1. 错　2. 对　3. 错　4. 对　5. 对　6. 错
7. 对　8. 错

Exercise 2
答案略

Exercise 3
答案略

Exercise 4
答案略

Exercise 5
1. 错　2. 对　3. 对　4. 错　5. 对　6. 对
7. 错　8. 对

Exercise 6
答案略

Exercise 7

中国学生		美国学生	
好的方面/强项	需要提高的方面	好的方面/强项	需要提高的方面
1. 基础知识比较扎实 2. 学习用功 3. 往往夺得国际性的数学和物理大奖	1. 在经济上少依赖父母 2. 减少死记硬背，加强独立性和创造性 3. 多动手做一些项目	1. 独立性和创造性较强 2. 自食其力，打工/兼职挣学费 3. 喜欢独立思考和提问题 4. 喜欢动手做各种各样的项目	1. 课前预习，课后复习 2. 用功学习，必要时背一些重要内容 3. 加强基础知识的学习

Exercise 8
1. 下载　2. 接触　3. 应付　4. 推荐　5. 进修　6. 马马虎虎　7. 签证　8. 申请

三、汉字

Exercise 1
答案略

Exercise 2
彼得：我很希望孩子能多接触一些中国的社会和文化。你对中国的教育体系很了解吗？

大卫：马马虎虎。中国的孩子一般6岁以前进幼儿园，从小班、中班到大班。然后上6年小学，中学也上6年，包括3年初中和3年高中。高中毕业以后就可以考大学了。大学分为大专，本科。

彼得：中国的学校都是国家办的吗？

大卫：一般都是。可是现在也出现了不少私立学校。

Exercise 3
答案略

Exercise 4
们 间 问 简 货 层 动 论 轮 推 难 滩 摊 劝 汉 化
华 妇 扫 雪 雷 决 快 筷 块 性 姓 胜 星 辈 排 社
思 忘 忙 茫 望 吴 娱 误 比 毕 旨 指 边 败 如 传
转 否 坏 还 环 明 早 汁 肝 赶 竿 汗

四、语言点

Exercise 1
1. 但是适当的运动对人的健康同样起着重要的作用
2. 可是坐飞机看不到各地的风景
3. 喝茶固然对身体有好处
4. 大城市的生活固然方便
5. 钱固然重要
6. 但是失败也不能说都是坏事，有时候坏事也能引出好的结果

Exercise 2
1. Before retiring, my grandmother was a primary school teacher of Chinese. It is because of her influence that I chose to study Chinese.
2. My sister quit her job as a secretary at that company last year. Now she has nothing to do with that company.
3. Although Xiao Wang works abroad, he keeps close contact with his family and friends in his home country.
4. This test score of his is not as good as his last one. This was because he was sick last week.
5. Whether one is happy or not is not really related to whether he has money.
6. These two events are totally unrelated. Why do you think they are connected?

Exercise 3
Dialog 1
1. 比较　2. 比较　3. 更　4. 最　5. 比较
Dialog 2
1. 更　2. 最　3. 最

Exercise 4

campus	校园

hotel	旅馆
library	图书馆
museum	博物馆
writer	作家
author	作者
gas fee	煤气费/汽油费
living expenses	生活费
medical expenses	医疗费
price list	价格表
registration form	登记表
birth certificate	出生证
medical worker	医务工作者
importance	重要性
sporting circle	体育界
art gallery	艺术馆
laborer	劳动者
creativity	创造性
athlete	运动员
waiter/waitress	服务员

五、语言运用

Activity 1
答案略

Activity 2
1. 三种学校：技术学校、职业学校、旅游学校
2. 出黑板报；我爱海疆
3. 这是一所体育馆；健身，健心，健美
4. 说普通话，写规范字

Activity 3
Passage one
1. b 2. b

🎧 听力材料

记者昨天从北京市教委了解到，北京市的所有中小学、幼儿园将对在京外国人子女全部开放。

目前在北京中小学、幼儿园上学的外国孩子都叫做外籍学生。北京的接收外籍学生的学校现在分三类，一类是外国使馆人员子女学校；一类是外籍人员子女学校。这两类学校不接收中国孩子。还有第三类学校，这种学校中国学生和外国学生都可以上。这三类学校共有外籍学生近5000人，其中第二类外籍人员子女学校的外国学生最多。

Passage Two
1. c 2. a

🎧 听力材料

刘亦婷年仅19岁就被美国的哈佛大学录取。她在美国学习期间，比较了中国中小学生与美国中小学生。她认为美国学生身体比较好，独立性比较强，创造力也比较强。在基础知识上，中国学生超过美国学生，可是在人际交往能力上和动手能力上，美国学生比中国学生强。美国的学校教室里常有学生在讨论。刘亦婷认为这种集体讨论的方法很好，可以培养团队精神。

Activity 4
1. 师范生；不用交学费；教书十年
2. 提高了国力和生活水平；学校条件改善了。
3. 丰富了学生的业余生活，提高了他们的学习热情；德、智、体、美全面发展。
4. 只重书本，不重动手能力；种植花草。
5. 在校内招聘演奏员；报名。
6. 打排球前应该做些什么准备活动；拉肩、提腿、慢跑

Activity 5
答案略

Activity 6
答案略

Activity 7
钱先生在美国工作。他有个儿子。钱先生很注意让孩子保持自己的母语和文化。为此，他决定送孩子到周末中文学校去学中文。他的孩子小明起初很不愿意，因为他在学校里跟小朋友说的都是英语。钱先生于是就拉着小明去海华中文学校报名。到了学校，他先到校长办公室给小明填写了入学申请表格。然后，校长带领小明去了三班的课堂。小明坐在第一排。现在，小明有了很好的学习中文环境，学中文就更容易了。（学生可以根据自己的想象接着写下去。）

Activity 8
答案略

附 录

一、生词总表（按拼音排列）

序号	简体（繁體）	拼音	词性	解释	课号
1	阿里山	Ālǐ Shān	pn.	Mt Alishan	9
2	阿姨	āyí	n.	aunt (for non-relatives)	13
3	哎	āi	intj.	hey (calling for attention)	2
4	哎哟（喲）	āiyō	intj.	alas (show surprise, discontent, pain etc.)	4
5	爱（愛）好	àihào	n.	hobby	10
6	安排	ānpái	v.	arrange; arrangement	8
7	安装（裝）	ānzhuāng	v.	install	4
8	按照	ànzhào	prep.	according to	6
9	奥运会	Àoyùnhuì	pn.	Olympic Games	10
10	芭蕾	bālěi	n.	ballet	11
11	白宫	Báigōng	pn.	The White House	9
12	拜	bài	v.	worship, prostrate	12
13	伴奏	bànzòu	v.	accompany with musical instrument	11
14	帮（幫）忙	bāngmáng	v.	help	8
15	榜样（樣）	bǎngyàng	n.	example	1
16	傍晚	bàngwǎn	n.	evening, dusk	7
17	棒球	bàngqiú	n.	baseball	10
18	包	bāo	v.	wrap	12
19	包括	bāokuò	v.	include	9
20	宝贵（寶貴）	bǎoguì	adj.	valuable	19
21	保持	bǎochí	v.	keep, maintain	6
22	保护（護）	bǎohù	v.	protect	15
23	保留	bǎoliú	v.	keep, preserve	12
24	保罗（羅）	Bǎoluó	pn.	Paul	9
25	保温（溫）	bǎowēn	v.	keep warm; preserve heat	20
26	保险（險）	bǎoxiǎn	n.	insurance	6
27	报（報）到	bàodào	v.	report	1
28	报（報）名费（費）	bàomíngfèi	n.	registration fee	22
29	抱歉	bàoqiàn	adj.	sorry	10

序号	简体（繁體）	拼音	词性	解释	课号
30	暴雨	bàoyǔ	n.	rainstorm	7
31	爆发（發）	bàofā	v.	erupt, break out	19
32	悲剧（劇）	bēijù	n.	tragedy	21
33	北大	Běidà	pn.	Peking University	10
34	北京	Běijīng	pn.	Beijing	7
35	北京语言大学	Běijīng Yǔyán Dàxué	pn.	Beijing Language and Culture University	22
36	背书（書）	bèishū	v.	memorize texts	22
37	被	bèi	prep.	by (marker of verb in passive voice)	11
38	本科	běnkē	n.	undergraduate	22
39	本来（來）	běnlái	adv.	originally	10
40	逼真	bīzhēn	adj.	life like; realistic in appearance	21
41	比	bǐ	prep.	than	2
42	比得上	bǐdeshàng	v.	be comparable to	7
43	比尔（爾）	Bǐ'ěr	pn.	Bill	15
44	比方说（說）	bǐfāngshuō	conj.	for example	8
45	比价（價）	bǐjià	n.	currency exchange rate	5
46	比如	bǐrú	conj.	for example	10
47	比赛（賽）	bǐsài	n.	competition	10
48	彼得	Bǐdé	pn.	Peter	16
49	毕（畢）加索	Bìjiāsuǒ	pn.	Picasso	21
50	边远（邊遠）	biānyuǎn	adj.	remote	15
51	编（編）	biān	v.	write (a story, drama), compile	11
52	鞭炮	biānpào	n.	firecrackers	12
53	标（標）明	biāomíng	v.	mark clearly	4
54	表哥/弟/姐/妹	biǎogē/dì/jiě/mèi	n.	(maternal) cousin	13
55	表姐	biǎojiě	n.	elder female cousin on mother's side	4
56	表面	biǎomiàn	n.	surface	20
57	冰雹	bīngbáo	n.	hail	19
58	冰川	bīngchuān	n.	glacier	20
59	兵马（馬）俑	Bīngmǎyǒng	pn.	Terracotta Warriors and Horses	9
60	并且	bìngqiě	conj.	and	8
61	病	bìng	v.	get sick; disease	6
62	病从（從）口入	bìngcóngkǒurù	pn.	sickness starts with eating	6
63	病毒	bìngdú	n.	virus	18
64	病历（歷）	bìnglì	n.	medical records	6

序号	简体（繁體）	拼音	词性	解释	课号
65	病人	bìngrén	n.	patient	6
66	波音	Bōyīn	pn.	Boeing	9
67	玻璃	bōli	n.	glass	19
68	播放	bōfàng	v.	broadcast	12
69	伯伯	bóbo	n.	father's elder brother	13
70	伯父	bófù	n.	father's elder brother	13
71	博物馆（館）	bówùguǎn	n.	museum	9
72	不必	búbì	adv.	do not have to	1
73	不测（測）	búcè	n.	unexpected happening; accident	19
74	不妨	bùfáng	adv.	might as well	17
75	不敢当（當）	bù gǎndāng		I do not deserve it.	11
76	不过（過）	búguò	conj.	but, however	2
77	不见（見）得	bú jiànde	adv.	not necessarily so	1
78	不禁	bùjīn	adv.	can't help but	18
79	不知不觉（覺）	bùzhī-bùjué	adv.	unwittingly	14
80	布法罗（羅）	Bùfǎluó	pn.	Buffalo	9
81	步	bù	n.	step; stage; phase	17
82	步骤（驟）	bùzhòu	n.	step	8
83	部	bù	m.	measure word for a novel, movie, etc.	21
84	部队（隊）	bùduì	n.	troops	19
85	部分	bùfen	n.	part	4
86	部门（門）	bùmén	n.	section, department	17
87	材料	cáiliào	n.	material	22
88	采（採）取	cǎiqǔ	v.	take, adopt	14
89	采（採）用	cǎiyòng	v.	adapt	18
90	参（參）考	cānkǎo	v.	consult, refer	9
91	参观（參觀）	cānguān	v.	visit	9
92	参加	cānjiā	v.	participate	9
93	参军（軍）	cānjūn	v.	join the military service	14
94	餐馆（館）	cānguǎn	n.	restaurant	3
95	餐具	cānjù	n.	cutlery	18
96	餐桌	cānzhuō	n.	dinning table	14
97	嘈杂（雜）	cáozá	adj.	noisy	16
98	曾	céng	adv.	once	18
99	曾经（經）	céngjīng	adv.	once	10
100	差别（別）	chābié	n.	difference	22

序号	简体（繁體）	拼音	词性	解释	课号
101	差距	chājù	n.	gap, disparity	16
102	产（產）生	chǎnshēng	v.	produce, cause	17
103	长（長）城	Chángchéng	pn.	Great Wall	9
104	长（長）江	Cháng Jiāng	pn.	Yangtze River	20
105	长（長）途	chángtú	n.	long-distance	16
106	长辈（長輩）	zhǎngbèi	n.	people of parents' generation and above	13
107	长寿（長壽）	chángshòu	adj.	live a long life	5
108	长幼有别	zhǎng-yòu yǒu bié		treat differently by age	13
109	尝（嘗）	cháng	v.	taste	12
110	场（場）合	chǎnghé	n.	occasion	18
111	吵醒	chǎoxǐng	v.	wake up by noise	12
112	彻（徹）底	chèdǐ	adv.	thoroughly	20
113	陈星	Chén Xīng		Chen Xing	5
114	称（稱）	chēng	v.	call as	13
115	称（稱）呼	chēnghu	n.	address; way of addressing	13
116	趁	chèn	v.	take advantage of an opportunity	4
117	成就	chéngjiù	n.	achievement	21
118	成员（員）	chéngyuán	n.	member	15
119	城墙（墻）	chéngqiáng	n.	city wall	9
120	乘	chéng	v.	by, take, ride	9
121	程度	chéngdù	n.	degree, extent	18
122	吃苦	chīkǔ	v.	bear hardship	14
123	吃亏（虧）	chīkuī	v.	suffer losses	4
124	持续（續）	chíxù	v.	last	19
125	充沛	chōngpèi	adj.	abundant	14
126	冲（衝）浪	chōnglàng	v.	surf	15
127	宠爱（寵愛）	chǒng'ài	v.	show excessive love	22
128	抽空	chōukòng	v.	find time	2
129	抽签（簽）	chōuqiān	v.	draw a lot	10
130	抽象	chōuxiàng	adj.	abstract	21
131	重拍	chóngpāi	v.	retake	21
132	重庆（慶）	Chóngqìng	pn.	Chongqing	7
133	重新	chóngxīn	adv.	again	1
134	重阳节（節）	Chóngyáng Jié	pn.	The 9th day of the 9th month of the Chinese lunar calendar. It is a time for paying respects to the elderly.	12

序号	简体（繁體）	拼音	词性	解释	课号
135	出版	chūbǎn	v.	publish	21
136	出租车（車）	chūzūchē	n.	taxi	16
137	初	chū	adj.	first, beginning	12
138	除了……以外	chúle… yǐwài	ph.	in addition to...	1
139	除夕	chúxī	n.	Chinese New Year's Eve	11
140	厨（廚）房	chúfáng	n.	kitchen	2
141	穿戴	chuāndài	n.	things one wears; the way one dresses oneself	17
142	穿越	chuānyuè	v.	go through	9
143	传（傳）	chuán	v.	spread, circulate	19
144	传统（傳統）	chuántǒng	n.	tradition	12
145	串门（門）	chuànmén	v.	call on sb	16
146	创（創）意	chuàngyì	n.	original idea, creative conception	21
147	创（創）造力	chuàngzàolì	n.	creativity	22
148	创（創）造性	chuàngzào-xìng	n.	creativity	22
149	创造（創造）	chuàngzào	v.	create	21
150	春节（節）	Chūn Jié	pn.	Spring Festival	11
151	春晚	Chūn-wǎn	n.	short for Spring Festival TV Gala	11
152	纯（純）粹	chúncuì	adv.	purely	17
153	瓷器	cíqì	n.	china, porcelain	21
154	慈善	císhàn	adj.	charitable	15
155	此外	cǐwài	conj.	besides	8
156	次要	cìyào	adj.	less important	20
157	从（從）来	cónglái	adv.	ever	7
158	凑（湊）	còu	v.	participate informally; be part of	11
159	促进（進）	cùjìn	v.	promote	15
160	醋	cù	n.	vinegar (be jealous)	3
161	存	cún	v.	save, deposit	5
162	存款	cúnkuǎn	n.	deposit	5
163	存在	cúnzài	v.	exist	18
164	措施	cuòshī	n.	measure	20
165	搭乘	dāchéng	v.	ride, take	20
166	达（達）	dá	v.	reach	19
167	达（達）到	dádào	v.	reach; meet	17
168	打的	dǎdí	v.	call a taxi	16
169	打工	dǎgōng	v.	work part-time	1
170	打扫（掃）	dǎsǎo	v.	clean, sweep, tidy	12

序号	简体（繁體）	拼音	词性	解释	课号
171	打听（聽）	dǎting	v.	inquire; ask around	8
172	大都市	dàdūshì	n.	metropolis	9
173	大方	dàfang	adj.	natural and graceful in style and behavior	17
174	大理	Dàlǐ	pn.	Dali, a town in Yunnan Province	8
175	大楼（樓）	dàlóu	n.	multi-story building	2
176	大陆（陸）	dàlù	n.	mainland	9
177	大批	dàpī	adj.	much, many	19
178	大伟（偉）	Dàwěi	pn.	Dawei, male name	1
179	大卫（衛）	Dàwèi	pn.	David	5
180	大峡（峽）谷	Dàxiágǔ	pn.	Grand Canyon	9
181	大雁塔	Dàyàntǎ	pn.	Big Goose Pagoda	9
182	大专（專）	dàzhuān	n.	junior college	22
183	待	dāi	v.	stay	1
184	代替	dàitì	v.	replace	18
185	待遇	dàiyù	n.	remuneration, treatment	17
186	单（單）	dān	adv.	alone, merely	19
187	单（單）位	dānwèi	n.	the institution one works for	16
188	单（單）元	dānyuán	n.	unit; apartment	2
189	担（擔）心	dānxīn	v.	worry	2
190	耽误（誤）	dānwù	v.	delay	13
191	旦夕	dànxī	n.	short moment	19
192	但愿（願）	dànyuàn	v.	It is hoped that	10
193	弹（彈）	tán	v.	play (musical instrument)	11
194	淡季	dànjì	n.	off-season	8
195	当（當）地	dāngdì	n.	local	15
196	倒	dào	adv.	on the contrary	8
197	到处（處）	dàochù	n.	everywhere	1
198	到达（達）	dàodá	v.	arrive	8
199	盗（盜）用	dàoyòng	v.	steal and use	18
200	得体（體）	détǐ	adj.	appropriate, proper	17
201	德州	Dé Zhōu	pn.	Texas State	13
202	的确（確）	díquè	adv.	indeed	21
203	的士	díshì	n.	taxi	16
204	登高	dēng gāo	v.	(lit.) climb to the top of hills	12
205	登机（機）牌	dēngjīpái	n.	boarding pass	16
206	登录（錄）	dēnglù	v.	log in	18

序号	简体（繁體）	拼音	词性	解释	课号
207	登山	dēngshān	v.	go mountaineering	10
208	登台（臺）	dēngtái	v.	go on stage	11
209	等待	děngdài	v.	wait	17
210	等等	děngděng	part.	and so on	6
211	低于（於）	dī yú		be lower than	4
212	堤坝（壩）	dībà	n.	dam, dyke	19
213	抵达（達）	dǐdá	v.	arrive	9
214	地道	dìdao	adj.	genuine, authentic	12
215	地区（區）	dìqū	n.	area, region	13
216	地铁（鐵）	dìtiě	n.	subway	16
217	地位	dìwèi	n.	status, position	20
218	地震	dìzhèn	n.	earthquake	19
219	地址	dìzhǐ	n.	address	8
220	递（遞）交	dìjiāo	v.	submit	1
221	第三者	dìsānzhě	n.	third party	18
222	第五大道	Dì-wǔ Dàdào	pn.	Fifth Avenue	9
223	滇池	Diān Chí	pn.	Dianchi Lake	9
224	电（電）器	diànqì	n.	electric appliances	4
225	电（電）梯	diàntī	n.	elevator	4
226	电（電）子	diànzǐ	n.	electron	1
227	电话铃（電話鈴）	diànhuàlíng	n.	ring	12
228	电脑（電腦）	diànnǎo	n.	computer	1
229	电视剧（電視劇）	diànshìjù	n.	TV drama	21
230	电视台（電視臺）	diànshìtái	n.	TV station	10
231	店主	diànzhǔ	n.	shop owner; storekeeper	4
232	碟子	diézi	n.	plate, dish	14
233	顶（頂）多	dǐngduō	adv.	at most; at the worst	4
234	顶（頂）峰	dǐngfēng	n.	peak	21
235	订（訂）位子	dìng wèizi		reserve a seat	3
236	定期	dìngqī	adj.	fixed term	5
237	东（東）京	Dōngjīng	pn.	Tokyo	9
238	动（動）作	dòngzuò	n.	action, movement	12
239	动不动（動）	dòngbudòng	adv.	prone to	6
240	独（獨）立性	dúlìxìng	n.	in dependence	22
241	独（獨）生子女	dúshēngzǐnǚ	n.	the only child	13
242	独（獨）奏	dúzòu	n.	solo	11

序号	简体（繁體）	拼音	词性	解释	课号
243	堵	dǔ	v.	jam, block	16
244	赌场（賭場）	dǔchǎng	n.	casino	9
245	度	dù	n.	degree	5
246	端午节（節）	Duānwǔ Jié	pn.	5th day of the 5th month of the Chinese lunar calendar. People eat zongzi dumplings, hold dragon boat races and drink a special medical tonic to ward off the evil forces.	12
247	短信	duǎnxìn	n.	text message	18
248	对（對）付	duìfu	v.	deal with	20
249	对（對）口	duìkǒu	adj.	matchable	17
250	兑换（兌換）	duìhuàn	v.	exchange; convert currencies	5
251	兑换（兌換）率	duìhuànlǜ	n.	exchange rate	5
252	多媒体（體）	duōméitǐ	n.	multimedia	18
253	多云（雲）	duōyún	adj.	cloudy	7
254	多种（種）多样（樣）	duōzhǒng-duōyàng		be of all varieties	11
255	夺（奪）得	duódé	v.	win	22
256	而	ér	conj.	and	13
257	而已	éryǐ	part.	just, merely	6
258	耳朵	ěrduo	n.	ear	16
259	二氧化碳	èryǎnghuàtàn	n.	carbon dioxide	20
260	发（發）愁	fāchóu	v.	worry	1
261	发（發）明	fāmíng	v.	invent	22
262	发（發）展	fāzhǎn	v.	develop	10
263	发财（發財）	fācái	v.	get rich; make a fortune	4
264	发扬（發揚）	fāyáng	v.	carry forward	15
265	繁忙	fánmáng	adj.	busy	16
266	繁荣（榮）	fánróng	n.	prosperity	21
267	反响（響）	fǎnxiǎng	n.	echo, repercussion	19
268	方保罗	Fāng Bǎoluó	pn.	Paul Fang	11
269	方方面面	fāngfāng-miànmiàn	n.	every aspect; all aspects	17
270	方面	fāngmiàn	n.	aspect	10
271	方式	fāngshì	n.	way, manner	18
272	方言	fāngyán	n.	dialect	13
273	防火墙（墻）	fánghuǒqiáng	n.	firewall	18
274	防止	fángzhǐ	v.	prevent	6
275	放心	fàngxīn	v.	rest assured	2

序号	简体（繁體）	拼音	词性	解释	课号
276	非得……才	fēi děi... cái		only...can	13
277	废（廢）水	fèishuǐ	n.	waste water	20
278	废（廢）墟	fèixū	n.	ruins	19
279	费（費）	fèi	n.	fee, expenses	6
280	费（費）城	Fèichéng	pn.	Philadelphia	9
281	费（費）用	fèiyòng	n.	costs	1
282	分别	fēnbié	adv.	respectively	15
283	分配	fēnpèi	v.	distribute, assign	16
284	分手	fēnshǒu	v.	break up; separate	14
285	纷纷（紛紛）	fēnfēn	adv.	one after another	11
286	粉笔（筆）	fěnbǐ	n.	chalk	18
287	份	fèn	m.	(measure word)	1
288	风（風）格	fēnggé	n.	style	21
289	风（風）光	fēngguāng	n.	scenery	9
290	风（風）景区（區）	fēngjǐngqū	n.	scenic area	9
291	风（風）力	fēnglì	n.	wind strength	7
292	风（風）沙	fēngshā	n.	sandy wind	7
293	风（風）向	fēngxiàng	n.	wind direction	7
294	风俗（風）	fēngsú	n.	custom	12
295	封建	fēngjiàn	adj.	feudal	21
296	服务（務）台（臺）	fúwùtái	n.	front desk	1
297	服装（裝）	fúzhuāng	n.	clothes	4
298	幅	fú	m.	measure word for paintings, photos and calligraphy, etc.	21
299	福利	fúlì	n.	welfare	17
300	付	fù	v.	pay	3
301	负担（負擔）	fùdān	n.	burden	2
302	附件	fùjiàn	n.	attached file	18
303	复（複）印件	fùyìnjiàn	n.	xerox copy, duplicate	22
304	复制（複製）品	fùzhìpǐn	n.	replica, duplicate	21
305	赴	fù	v.	go to	9
306	改变（變）	gǎibiàn	v.	change	8
307	改革	gǎigé	v./n.	reform	8
308	改善	gǎishàn	v.	improve	16
309	改造	gǎizào	v.	reform, rebuild	20
310	改正	gǎizhèng	v.	correct	5
311	干（乾）燥	gānzào	adj.	dry	7

序号	简体（繁體）	拼音	词性	解释	课号
312	赶（趕）	gǎn	v.	rush, catch	11
313	赶（趕）时（時）髦	gǎnshímáo	v.	follow the trend	18
314	赶紧（趕緊）	gǎnjǐn	adv.	quickly	2
315	敢	gǎn	v.	dare	2
316	感恩节（節）	Gǎnēn Jié	pn.	Thanksgiving Day	15
317	感冒灵	Gǎnmàolíng	pn.	Ganmaoling Cold Capsule	6
318	感冒通	Gǎnmàotōng	pn.	Ganmaotong Cold Pill	6
319	感受	gǎnshòu	n.	feelings	12
320	感兴趣（興趣）	gǎnxìngqù	v.	be interested in	11
321	刚（剛）好	gānghǎo	adv.	coincidentally	4
322	钢（鋼）琴	gāngqín	n.	piano	11
323	港台（臺）	Gǎng-Tái	adj.	(from) Hong Kong and Taiwan	11
324	高	gāo	adj.	high, tall	5
325	高级（級）	gāojí	adj.	high grade; high class	9
326	高就	gāojiù	v.	work (lit.)	14
327	歌曲	gēqǔ	n.	song	11
328	格式	géshi	n.	format	17
329	个体（個體）户	gètǐhù	n.	the self-employed	15
330	各位	gè wèi	n.	each, all (people)	7
331	各种（種）各样（樣）	gèzhǒng-gèyàng	n.	all kinds of	4
332	各自	gèzì	n.	each	2
333	根本	gēnběn	adv.	in essence; fundamentally, essentially	4
334	根据（據）	gēnjù	prep.	according to	8
335	更新	gēng xīn	v.	renew, update	16
336	工地	gōngdì	n.	construction site	20
337	工农业（農業）	gōngnóngyè	n.	industry and agriculture	20
338	工商	gōngshāng	n.	industry and commerce	17
339	工薪	gōngxīn	n.	salaries and wages	4
340	工艺（藝）品	gōngyìpǐn	n.	art craft	21
341	工整	gōngzhěng	adj.	neat	21
342	公道	gōngdao	adj.	fair	3
343	公共	gōnggòng	adj.	public	16
344	公交车（車）	gōngjiāochē	n.	bus	16
345	公立	gōnglì	adj.	public	22
346	公民	gōngmín	n.	citizen	5

序号	简体（繁體）	拼音	词性	解释	课号
347	公司	gōngsī	n.	company	1
348	公用	gōngyòng	adj.	public	2
349	公寓	gōngyù	n.	apartment	2
350	功能	gōngnéng	n.	function	18
351	攻击（擊）	gōngjī	n.	attack	18
352	购（購）物	gòuwù	v.	go shopping	4
353	购买（購買）	gòumǎi	v.	purchase	10
354	估计（計）	gūjì	v.	estimate	19
355	姑父	gūfu	n.	father's sister's husband	12
356	姑姑	gūgu	n.	aunt; father's sister	14
357	姑妈（媽）	gūmā	n.	aunt on father's side	6
358	姑娘	gūniang	n.	girl; young lady; unmarried woman	9
359	古	gǔ	adj.	ancient	9
360	古典	gǔdiǎn	adj.	classical	21
361	古迹（跡）	gǔjì	n.	ancient site	9
362	古老	gǔlǎo	adj.	old	9
363	古玩	gǔwán	n.	antique	21
364	股票	gǔpiào	n.	stock	14
365	鼓励（勵）	gǔlì	v.	encourage	20
366	固然	gùrán	conj.	admittedly, indeed	22
367	故宫	Gùgōng	pn.	Forbidden City	9
368	顾（顧）	gù	v.	mind; care	19
369	顾（顧）客	gùkè	n.	customer	4
370	顾问（顧問）	gùwèn	n.	adviser	17
371	雇主	gùzhǔ	n.	employer	17
372	瓜子	guāzǐ	n.	melon seeds or sunflower seeds	12
373	挂（掛）念	guàniàn	v.	worry about sb. who is absent; miss sb.	5
374	挂号（挂號）	guàhào	v.	register at the hospital	6
375	关（關）注	guānzhù	v.	concern	20
376	关于（關於）	guānyú	prep.	regarding	7
377	观（觀）光	guānguāng	v.	tour, go sightseeing	21
378	观（觀）看	guānkàn	v.	watch	11
379	观赏（觀賞）	guānshǎng	v.	watch with appreciation	9
380	观众（觀衆）	guānzhòng	n.	audience	7
381	冠军（軍）	guànjūn	n.	championship	18
382	管理	guǎnlǐ	n./v.	management; manage	17

序号	简体（繁體）	拼音	词性	解释	课号
383	贯彻（貫徹）	guànchè	v.	implement; carry out	20
384	光	guāng	n.	light	6
385	光碟	guāngdié	n.	CD	11
387	广（廣）泛	guǎngfàn	adj	extensive	18
388	广（廣）告	guǎnggào	n.	advertisement	4
389	广（廣）西	Guǎngxī	pn.	Guangxi	9
390	广（廣）州	Guǎngzhōu	pn.	Guangzhou	7
391	广东（廣東）	Guǎngdōng	pn.	Guangdong (Province)	3
392	逛	guàng	v.	stroll, wander	4
393	规（規）定	guīdìng	v.	stipulate	8
394	规（規）模	guīmó	n.	scope, scale	20
395	硅谷	Guīgǔ	pn.	Silicon Valley	16
396	贵（貴）族	guìzú	n.	aristocracy	21
397	桂林	Guìlín	pn.	Guilin	9
398	滚（滾）梯	gǔntī	n.	escalator	4
399	国画（國畫）	guóhuà	n.	Chinese brush painting	21
400	国会（國會）	guóhuì	n.	congress	9
401	国会（國會）大厦（廈）	Guóhuì Dàshà	pn.	Capitol	9
402	国际（國際）	guójì	adj.	international	9
403	国际（國際）性	guójìxìng	n.	international	22
404	过（過）程	guòchéng	n.	process	21
405	过奖（過獎）	guòjiǎng	v.	flatter	3
406	海港	hǎigǎng	n.	harbor	9
407	海军（軍）	hǎijūn	n.	navy	14
408	海水	hǎishuǐ	n.	sea water	7
409	海滩（灘）	hǎitān	n.	beach	9
410	海湾（灣）	hǎiwān	n.	gulf, bay	7
411	海啸（嘯）	hǎixiào	n.	tsunami	19
412	害怕	hàipà	v.	feel scared	2
413	含	hán	v.	include	9
414	寒假	hánjià	n.	winter break	8
415	罕见（見）	hǎnjiàn	adj.	rare	19
416	汗	hàn	n.	sweat	16
417	豪华（華）	háohuá	adj.	luxury	9
418	好好	hǎohāo	adv.	solidly; substantially	2
419	好久	hǎojiǔ	adv.	for a long time	14

序号	简体（繁體）	拼音	词性	解释	课号
420	好莱坞（萊塢）	Hǎoláiwū	pn.	Hollywood	9
421	号码（號碼）	hàomǎ	n.	number	8
422	合适（適）	héshì	adj.	fitting, suitable	15
423	恨不得	hènbude	v.	be eager to	15
424	红楼梦（紅樓夢）	Hónglóumèng	pn.	A Dream of Red Mansions	21
425	后门（後門）	hòumén	n.	back door (through unofficial channels; through connections)	10
426	厚	hòu	adj.	thick	7
427	候诊（診）室	hòuzhěnshì	n.	waiting room	6
428	胡（鬍）子	húzi	n.	beard	17
429	互联（聯）网（網）	hùliánwǎng	n.	Internet	18
430	护（護）士	hùshi	n.	nurse	6
431	护（護）照	hùzhào	n.	passport	5
432	花园（園）	huāyuán	n.	garden	10
433	华（華）盛顿特区（區）	Huáshèngdùn Tèqū	pn.	Washington, DC	9
434	华（華）盛顿州	Huáshèngdùn Zhōu	pn.	Washington State	13
435	华（華）氏	Huáshì	pn.	Fahrenheit	5
436	华尔（華爾）街	Huá'ěr Jiē	pn.	Wall Street	9
437	华侨（華僑）	huáqiáo	n.	overseas Chinese	16
438	华山	Huà Shān	pn.	Huashan Mountains	9
439	化验	huàyàn	v.	do lab test	6
440	划价（劃價）	huàjià	v.	quote a prescription	6
441	画（畫）廊	huàláng	n.	gallery	21
442	话（話）筒	huàtǒng	n.	microphone	12
443	怀（懷）念	huáiniàn	v.	miss	16
444	环（環）保	huán-bǎo	n.	environmental protection	20
445	环（環）境	huánjìng	n.	environment	4
446	环（環）球	huánqiú	adj.	global	9
447	慌	huāng	adj.	unbearable (when used as complement)	13
448	皇帝	huángdì	n.	emperor	22
449	黄（黃）河	Huáng Hé	pn.	Yellow River	20
450	黄晓明	Huáng Xiǎomíng	pn.	Huang Xiaoming	11
451	灰	huī	n.	ash	19
452	回复（復）	huífù	n.	reply	3

序号	简体（繁體）	拼音	词性	解释	课号
453	回馈（饋）	huíkuì	v.	pay back; feedback	15
454	婚姻	hūnyīn	n.	marriage	21
455	浑（渾）身	húnshēn	n.	all the body	6
456	活动（動）	huódòng	n.	activity	9
457	活期	huóqī	adj.	flexible term; solvent	5
458	火炉（爐）	huǒlú	n.	furnace, stove	7
459	或	huò	conj.	or	8
460	货（貨）物	huòwù	n.	cargo, goods	4
461	货车（貨車）	huòchē	n.	truck	16
462	祸（禍）福	huòfú	n.	bad and good luck	19
463	击败（擊敗）	jībài	v.	beat, defeat	18
464	机构（機構）	jīgòu	n.	organization, institution	15
465	积极（積極）	jījí	adj.	active	15
466	积极（積極）性	jījíxìng	n.	enthusiasm	11
467	基本上	jīběnshang	adv.	basically	13
468	基因	jīyīn	n.	gene	18
469	及	jí	conj.	and	9
470	级（級）	jí	n.	level, grade	7
471	级（級）别	jíbié	n.	level, grade	8
472	即使	jíshǐ	conj.	even if	13
473	急诊（診）	jízhěn	n.	emergency room	6
474	嫉妒	jídù	v.	be jealous	3
475	几（幾）乎	jīhū	adv.	almost	16
476	计（計）	jì	n.	plan	12
477	计（計）算机（機）	jìsuànjī	n.	computer	18
478	计划（劃）	jìhuà	v.	plan	10
479	计划（計劃）生育	jìhuà shēngyù	n.	family planning; birth control	22
480	计划生育	jìhuà shēngyù	n.	one-child policy	13
481	记忆（憶）	jìyì	n.	memory	19
482	纪（紀）念碑	jìniànbēi	n.	monument	9
483	技术（術）	jìshù	n.	technology	18
484	季节（節）	jìjié	n.	season	7
485	既没有……也没有……	jì méiyǒu...yě méiyǒu...	conj.	have neither… nor…	11
486	加州	Jiāzhōu	pn.	California	7
487	夹（夾）克	jiákè	n.	jacket	4

序号	简体（繁體）	拼音	词性	解释	课号
488	家喻户晓（曉）	jiāyù-hùxiǎo		well-known	21
489	甲	jiǎ	adj.	first, best	11
490	价（價）	jià	n.	price	2
491	价（價）格	jiàgé	n.	price	4
492	价钱（價錢）	jiàqian	n.	price	3
493	假	jiǎ	adj.	false; fake; sham	3
494	假期	jiàqī	n.	vacation time	11
495	兼职（職）	jiānzhí	v.	do part-time job	22
496	捡（撿）	jiǎn	v.	pick up	15
497	减价（減價）	jiǎnjià	v.	reduce price; give discount	4
498	简（簡）直	jiǎnzhí	adv.	simply, literally	16
499	简历（歷）	jiǎnlì	n.	résumé	17
500	见识（見識）	jiànshi	n.	knowledge	14
501	建	jiàn	v.	build	2
502	建议（議）	jiànyì	v.	suggest	9
503	建筑（築）	jiànzhù	n.	building, structure	20
504	建筑（築）物	jiànzhùwù	n.	building	4
505	健身	jiànshēn	v.	exercise,	10
506	将	jiāng	adv.	will; be going to	20
507	奖（獎）	jiǎng	n.	prize, award	22
508	降	jiàng	v.	fall	2
509	降低	jiàngdī	v.	lower, reduce	20
510	交	jiāo	v.	pay	6
511	交际（際）	jiāojì	n.	communication, socializing	13
512	交流	jiāoliú	v.	exchange	14
513	交通	jiāotōng	n.	traffic, transportation	15
514	叫号（號）	jiàohào	v.	call the number	6
515	教学（學）	jiàoxué	n.	teaching	18
516	教育界	jiàoyùjiè	n.	education sector	22
517	阶层（階層）	jiēcéng	n.	social stratum	4
518	接触（觸）	jiēchù	v.	contact	22
519	接收	jiēshōu	v.	admit, receive	22
520	街心	jiēxīn	n.	street center	10
521	节（節）目	jiémù	n.	program	10
522	节目	jié mù	n.	items in a program	14
523	节约（節約）	jiéyuē	v.	save, economize	20

序号	简体（繁體）	拼音	词性	解释	课号
524	杰（傑）克	Jiékè	pn.	Jack	13
525	结（結）果	jiéguǒ	n.	result	10
526	结（結）婚	jiéhūn	v.	marry	2
527	结帐（帳）	jiézhàng	v.	settle one's bill	16
528	解释（釋）	jiěshì	v.	explain	22
529	解析	jiěxī	v.	analyze (Analytic Mathematics)	18
530	届	jiè	m.	(of conference, congress) session	10
531	金门（門）	Jīnmén	pn.	Golden Gate	7
532	尽（盡）快	jǐnkuài	adv.	as quickly as possible	5
533	尽（儘）管	jǐnguǎn	adv.	without constraint; feel free to	10
534	劲（勁）	jìn	n.	strength	6
535	进（進）步	jìnbù	v.	make progress	12
536	进（進）入	jìnrù	v.	enter	4
537	进（進）修	jìnxiū	v.	engage in further studies	22
538	京剧（劇）	jīngjù	n.	Beijing Opera	11
539	惊（驚）人	jīngrén	adj.	amazing	6
540	精力	jīnglì	n.	energy	14
541	精品店	jīngpǐndiàn	n.	stores selling branded products; boutiques	4
542	精神	jīngshén	n.	spirit	10
543	景点（點）	jǐngdiǎn	n.	scenic spot	9
544	竞（競）争	jìngzhēng	v.	compete with …	22
545	竞赛（競賽）	jìngsài	n.	race	12
546	敬老院	jìnglǎoyuàn	n.	home for the elderly	15
547	究竟	jiūjìng	adv.	after all; actually	20
548	酒店	jiǔdiàn	n.	hotel	9
549	旧（舊）金山	Jiùjīnshān	pn.	San Francisco	9
550	旧（舊）址	jiùzhǐ	n.	former site	9
551	旧金山市	Jiùjīnshān Shì	pn.	San Francisco	7
552	旧历（舊曆）年	jiùlìnián	n.	lunar New Year	12
553	救	jiù	v.	save	19
554	救生员（員）	jiùshēngyuán	n.	lifeguard	1
555	救灾（災）	jiùzāi	v.	rescue; provide disaster rescue	11
556	就算	jiùsuàn	conj.	even if	4
557	就业（業）	jiùyè	n.	employment	17
558	舅舅	jiùjiu	n.	mother's brother	13
559	剧（劇）院	jùyuàn	n.	theater	9

序号	简体（繁體）	拼音	词性	解释	课号
560	据（據）	jù	*prep.*	according to	20
561	飓风（颶風）	jùfēng	*n.*	hurricane	19
562	聚	jù	*v.*	have a gathering	1
563	聚餐	jùcān	*v.*	have a dinner party	15
564	聚会（會）	jùhuì	*n.*	party, get-together	12
565	聚集	jùjí	*v.*	gather	15
566	捐	juān	*v.*	donate	11
567	捐款	juānkuǎn	*v.*	donate money	19
568	决口	juékǒu	*v.*	breach	19
569	军队（軍隊）	jūnduì	*n.*	the military; troops	14
570	军种（軍種）	jūnzhǒng	*n.*	branch of the military service	14
571	卡	kǎ	*n.*	card	5
572	卡特里娜	Qiǎtělǐnà	*pn.*	Katrina	19
573	开（開）采	kāicǎi	*v.*	mine, exploit	20
574	开（開）放	kāifàng	*v./n.*	open; opening-up	8
575	开（開）赴	kāifù	*v.*	march to, head for	19
576	开（開）幕式	kāimùshì	*n.*	opening ceremony	10
577	开（開）心	kāixīn	*adj.*	happy	1
578	开发（開發）	kāifā	*v.*	develop	20
579	开销（開銷）	kāixiāo	*n.*	spending, expense	15
580	开张（開張）	kāizhāng	*v.*	open for business	3
581	刊登	kāndēng	*v.*	publish	17
582	砍	kǎn	*v.*	cut, hack	20
583	砍伐	kǎnfá	*v.*	fell trees	20
584	砍价	kǎnjià	*v.*	bargam, haggle, hegotiate	4
585	看来（來）	kànlái	*v.*	it seems	2
586	考	kǎo	*v.*	give/take a test	22
587	靠	kào	*v.*	depend on	1
588	靠近	kàojìn	*v.*	be close to	7
589	科技	kējì	*n.*	science and technology	16
590	可不是	kěbushì		isn't it so? (showing agreement)	2
591	可歌可泣	kěgē-kěqì		deeply moving	19
592	刻画（畫）	kèhuà	*v.*	portray	21
593	客机（機）	kèjī	*n.*	passenger plane	9
594	客气（氣）	kèqi	*adj.*	polite, courteous	5
595	客人	kèren	*n.*	guest	3

序号	简体（繁體）	拼音	词性	解释	课号
596	客厅（廳）	kètīng	n.	living room	2
597	空	kōng	adj.	vacant	2
598	空军（軍）	kōngjūn	n.	air force	14
599	恐怕	kǒngpà	v.	I am afraid that	12
600	夸张（誇張）	kuāzhāng	adj.	exaggerated	13
601	垮塌	kuǎtā	v.	collapse	19
602	跨	kuà	v.	straddle	9
603	快乐（樂）	kuàilè	adj.	happy, joyful	5
604	筷子	kuàizi	n.	chopsticks	3
605	宽带（寬帶）	kuāndài	n.	broadband	18
606	昆明	Kūnmíng	pn.	Kunming, the capital city of Yunnan Province	8
607	困	kùn	v.	strand	19
608	困难（難）	kùnnan	adj.	difficult	8
609	垃圾	lājī	n.	trash	15
610	拉斯维（維）加斯	Lāsīwéijiāsī	pn.	Las Vegas	9
611	辣	là	adj.	hot, peppery	3
612	来（來）不及	láibují	v.	too late to do something	6
613	来（來）往	láiwǎng	n.	contact, connection	17
614	蓝（藍）色	lánsè	n.	blue	7
615	篮（籃）球	lánqiú	n.	basketball	10
616	懒（懶）得	lǎnde	v.	unwilling to; have no mood to	10
617	朗诵（誦）	lǎngsòng	v.	recite aloud	11
618	老李	Lǎo Lǐ	pn.	Lao Li	16
619	老弱病残（殘）	lǎoruòbìngcán		the old, the weak, the sick and the disabled	18
620	老丈人	lǎozhàngren	n.	wife's father	12
621	姥姥	lǎolao	n.	mother's mother	13
622	姥爷（爺）	lǎoye	n.	mother's father	13
623	雷阵（陣）雨	léizhènyǔ	n.	thunderstorm	7
624	类（類）型	lèixíng	n.	type, category	17
625	累	lèi	adj.	tired	9
626	冷冷清清	lěnglěng-qīngqīng	adj.	desolate; cold and cheerless	16
627	漓（灕）江	Lí Jiāng	pn.	Lijiang River	9
628	礼（禮）貌	lǐmào	n.	courtesy; politeness	3
629	李大明	Lǐ Dàmíng	pn.	Li Daming	17
630	李亚玲	Lǐ Yàlíng	pn.	Li Yaling	11

序号	简体（繁體）	拼音	词性	解释	课号
631	厉（厲）害	lìhài	adj.	fierce, terrific, severe, superb	16
632	立即	lìjí	adv.	immediately	19
633	立体（體）	lìtǐ	adj.	three dimensional; cubic (painting)	21
634	丽江	Lìjiāng	pn.	Lijiang, a town in Yunnan Province	8
635	利息	lìxī	n.	interest (finance)	2
636	利益	lìyì	n.	interest	20
637	例外	lìwài	n.	exception	11
638	连（連）	lián	prep.	even	4
639	连（連）同	liántóng	conj.	together with	22
640	联（聯）合国（國）	Liánhéguó	pn.	United Nations	20
641	联欢（聯歡）	liánhuān	v.	have a gathering	11
642	联系（聯係）	liánxì	v.	contact	22
643	恋爱（戀愛）	liàn'ài	n.	love, romance	21
644	两极（極）	liǎngjí	n.	the poles of the earth; two opposing extremes	20
645	量	liáng	v.	measure	6
646	聊	liáo	v.	chat	14
647	聊天	liáotiān	v.	chat	1
648	林肯纪（紀）念堂	Línkěn Jìniàn Táng	pn.	Lincoln Memorial	9
649	临时（臨時）	línshí	adv.	temporarily	8
650	零用钱（錢）	língyòng-qián	n.	pocket money	5
651	领导（領導）人	lǐngdǎorén	n.	leader	19
652	另外	lìngwài	conj.	in addition; moreover, besides	5
653	流浪汉（漢）	liúlànghàn	n.	homeless people	15
654	流失	liúshī	v.	lose, drain	20
655	流行	liúxíng	adj.	popular	21
656	留神	liúshén	v.	pay attention	13
657	留学（學）	liúxué	v.	study abroad	12
658	龙（龍）船	lóngchuán	n.	dragon boat	12
659	陆军（陸軍）	lùjūn	n.	army	14
660	陆战队（陸戰隊）	lùzhànduì	n.	marine corps	14
661	旅馆（館）	lǚguǎn	n.	hotel	8
662	旅途	lǚtú	n.	journey, trip	8
663	旅行	lǚxíng	v.	travel	8
664	旅行社	lǚxíngshè	n.	travel agency	9
665	旅游	lǚyóu	v.	go sightseeing	1
666	旅游车（車）	lǚyóuchē	n.	tour bus	16

序号	简体（繁體）	拼音	词性	解释	课号
667	轮（輪）流	lúnliú	v.	take turns	14
668	啰（囉）嗦	luōsuo	adj.	long-winded	17
669	洛杉矶（磯）	Luòshānjī	pn.	Los Angeles	9
670	马（馬）路	mǎlù	n.	road for vehicles	10
671	马马（馬）虎虎	mǎmǎ-hūhū	adj.	so-so, careless	22
672	玛丽（瑪麗）	Mǎlì	pn.	Mary	13
673	码头（碼頭）	mǎtóu	n.	wharf	9
674	埋没（沒）	máimò	v.	bury, cramp	19
675	买单（買單）	mǎidān	v.	pay restaurant bill	3
676	买帐（買賬）	mǎizhàng	v.	buy (an idea); be convinced; admit someone's authority	22
677	麦当劳（麥當勞）	Màidāngláo	pn.	McDonald's	3
678	煤矿（礦）	méikuàng	n.	coal mine	20
679	美国（國）	Měiguó	pn.	United States of America	4
680	美化	měihuà	v.	beautify	15
681	美金	Měijīn	n.	US dollar	6
682	美丽（麗）	měilì	adj.	beautiful	9
683	美式	měishì	adj.	American style	10
684	美术馆（術館）	měishùguǎn	n.	art gallery	21
685	美元	Měiyuán	n.	US dollar	5
686	门（門）票	ménpiào	n.	entrance ticket	10
687	闷（悶）	mèn	adj.	feel uninteresting due to having nothing to do; feel depressed	13
688	闷（悶）热	mēnrè	adj.	hot and suffocating	16
689	迷路	mílù	v.	get lost	10
690	米	mǐ	n.	meter	10
691	秘书（書）	mìshū	n.	secretary	14
692	密密麻麻	mìmì-mámá	adj.	thick, dense	16
693	密西西比河	Mìxīxībǐ Hé	pn.	Mississippi River	19
694	免费（費）	miǎnfèi	v.	be free	15
695	面积（積）	miànjī	n.	area, space	19
696	面试（試）	miànshì	v.	interview	17
697	面谈（談）	miàntán	v.	talk with sb. face to face; have an interview	17
698	描写（寫）	miáoxiě	v.	describe	21
699	庙会（廟會）	miàohuì	n.	temple fair	12
700	民族	mínzú	n.	nationality; ethnic group	11
701	名牌	míngpái	n.	famous brand	4

序号	简体（繁體）	拼音	词性	解释	课号
702	名胜（勝）	míngshèng	n.	famous sceneriy	9
703	明白	míngbai	v.	understand	11
704	明了	míngliǎo	adj.	clear	17
705	明星	míngxīng	n.	famous star	9
706	墨西哥湾（灣）	Mòxīgē Wān	pn.	Gulf of Mexico	19
707	某	mǒu	pron.	a certain (person or thing)	6
708	拇指	mǔzhǐ	n.	thumb	15
709	木材	mùcái	n.	timber, lumber	20
710	目的	mùdì	n.	purpose	15
711	目光	mùguāng	n.	vision; sight	17
712	内	nèi	n.	within	8
713	男女有别	nán-nǚ yǒu bié		treat differently by gender	13
714	南京	Nánjīng	pn.	Nanjing	7
715	难（難）得	nándé	adj.	rare	7
716	难（難）怪	nánguài	v.	no wonder	4
717	难（難）受	nánshòu	adj.	uncomfortable	7
718	能歌善舞	Nénggē-shànwǔ		capable of singing and dancing	18
719	能源	néngyuán	n.	energy	20
720	尼亚（亞）加拉	Níyàjiālā	pn.	Niagara	9
721	泥石流	níshíliú	n.	mud slide; mud-rock flow	19
722	年货（貨）	niánhuò	n.	New Year goods	12
723	牛排	niúpái	n.	steak	3
724	纽约（紐約）	Niǔyuē	pn.	New York	1
725	农（農）作物	nóngzuòwù	n.	farm crops	19
726	农历（農曆）	nónglì	n.	lunar calendar	12
727	暖和	nuǎnhuo	adj.	warm	8
728	暖化	nuǎnhuà	v.	become warm	20
729	暖气（氣）	nuǎnqì	n.	heating	7
730	诺贝尔奖（諾貝爾獎）	Nuòbèiěr' Jiǎng	pn.	Nobel Prize	22
731	哦	o	intj.	eh (showing understanding)	12
732	偶尔（爾）	ǒu'ěr	adv.	occasionally	10
733	偶然	ǒurán	adv.	by accident; unexpectedly	14
734	拍卖（賣）	pāimài	v.	auction	21
735	拍摄（攝）	pāishè	v.	shoot videos and movies	12
736	排	pái	v.	discharge, emit	20

序号	简体（繁體）	拼音	词性	解释	课号
737	排队（隊）	páiduì	v.	line up	1
738	排骨汤（湯）	páigǔtāng	n.	rib soup	14
739	庞贝	Pángbèi	pn.	Pompeii	19
740	跑步	pǎobù	v.	run	10
741	陪	péi	v.	keep company; accompany	4
742	培养（養）	péiyǎng	v.	train, nurture	10
743	烹调（調）	pēngtiáo	v.	cook	14
744	碰到	pèngdào	v.	run into	1
745	碰头（頭）	pèngtóu	v.	meet	10
746	脾气（氣）	píqi	n.	temper	19
747	偏僻	piānpì	adj.	remote	16
748	拼写（寫）	pīnxiě	v.	spell	17
749	频（頻）繁	pínfán	adj.	frequent	19
750	品种（種）	pǐnzhǒng	n.	kinds, species	3
751	乒乓球	pīngpāngqiú	n.	table tennis	10
752	平方米	píngfāngmǐ	m.	square meter	2
753	凭（憑）	píng	prep.	by means of; relying on	5
754	苹（蘋）果	Píngguǒ	pn.	Apple Company	18
755	破费（費）	pòfèi	v.	spend money	3
756	破坏（壞）	pòhuài	v.	damage	20
757	浦东（東）	Pǔdōng	pn.	Pudong	9
758	普通	pǔtōng	adj.	ordinary	6
759	瀑布	pùbù	n.	waterfall	9
760	期间（間）	qījiān	n.	during a period of time	19
761	齐（齊）白石	Qí Báishí	pn.	Qi Baishi	21
762	齐（齊）集	qíjí	v.	(lit.) assemble; come together	14
763	其实（實）	qíshí	adv.	in fact	1
764	其他	qítā	pron.	other (things)	1
765	奇景	qíjǐng	n.	wonder; wonderful scenery	9
766	骑（騎）	qí	v.	ride	10
767	企业（業）	qǐyè	n.	enterprise	20
768	起码（碼）	qǐmǎ	adv.	at least	16
769	起义（義）	qǐyì	n.	uprising	21
770	气（氣）氛	qìfēn	n.	atmosphere	11
771	气（氣）候	qìhòu	n.	climate	7
772	气（氣）温	qìwēn	n.	air temperature	5

序号	简体（繁體）	拼音	词性	解释	课号
773	气体（氣體）	qìtǐ	n.	gas	20
774	汽水瓶	qìshuǐpíng	n.	soda bottle	15
775	汽油	qìyóu	n.	gasoline	20
776	签证（簽證）	qiānzhèng	n.	visa	22
777	钱币（錢幣）	qiánbì	n.	coin	21
778	枪击（槍擊）	qiāngjī	n.	shooting	14
779	强调（調）	qiángdiào	v.	emphasize	17
780	抢（搶）救	qiǎngjiù	v.	rescue	19
781	桥（橋）	qiáo	n.	bridge	9
782	瞧	qiáo	v.	look, watch	4
783	亲（親）戚	qīnqi	n.	relative	12
784	亲（親）切	qīnqiè	adj.	cordial, kind	13
785	亲（親）情	qīnqíng	n.	kindred feelings	12
786	亲爱（親愛）	qīn'ài	adj.	dear, beloved	5
787	亲属（親屬）	qīnshǔ	n.	relative	13
788	秦始皇	Qínshǐhuáng	pn.	First Emperor of the Qin Dynasty	9
789	清洁（潔）	qīngjié	adj.	clean	12
790	清明节（節）	Qīngmíng Jié	pn.	Pure Brightness Festival, a time for visiting family tombs.	12
791	清蒸	qīngzhēng	v.	steam	14
792	情节（節）	qíngjié	n.	plot, storyline	21
793	情景	qíngjǐng	n.	scenario, situation	12
794	情书（書）	qíngshū	n.	love letter	18
795	晴朗	qínglǎng	adj.	fine, cloudless	15
796	请（請）客	qǐngkè	v.	treat sb; invite to dinner	3
797	球类（類）	qiúlèi	n.	ball games	10
798	球鞋	qiúxié	n.	sports shoes	4
799	取消	qǔxiāo	v.	cancel	8
800	去世	qùshì	v.	pass away	12
801	缺少	quēshǎo	v.	lack	10
802	缺陷	quēxiàn	n.	defect	18
803	确（確）定	quèdìng	v.	determine, confirm	8
804	确认（確認）	quèrèn	v.	confirm	8
805	裙子	qúnzi	n.	skirt	4
806	热（熱）烈	rèliè	adj.	warm and enthusiastic	11
807	热闹（熱鬧）	rènao	adj.	lively	1

序号	简体（繁体）	拼音	词性	解释	课号
808	热热（熱）闹闹（鬧）	rèrè-nàonào	adj.	bustling, lively	12
809	人类（類）	rénlèi	n.	human beings	18
810	人民币（幣）	Rénmínbì	n.	RMB, Chinese currency	2
811	人脑（腦）	rénnǎo	n.	human brain	18
812	人事	rénshì	n.	personnel affairs	17
813	人员（員）	rényuán	n.	staff	22
814	任教	rènjiào	v.	work as a teacher	22
815	仍	réng	adv.	still	18
816	日本	Rìběn	pn.	Japan	9
817	日程	rìchéng	n.	schedule	8
818	日益	rìyì	adv.	day by day	16
819	日月潭	Rìyuè Tán	pn.	Sun Moon Lake	9
820	融化	rónghuà	v.	melt	20
821	如	rú	v.	be like	9
822	入住	rùzhù	v.	check-in (hotel)	8
823	软（軟）件	ruǎnjiàn	n.	software	11
824	散步	sànbù	v.	take a walk	10
825	散落	sànluò	v.	scatter	15
826	散文	sǎnwén	n.	prose	21
827	扫（掃）墓	sǎomù	v.	clean tombs	12
828	森林	sēnlín	n.	forest	20
829	杀（殺）毒	shā dú	v.	kill a virus	18
830	沙尘（塵）暴	shāchénbào	n.	sandstorm	20
831	沙漠化	shāmòhuà	n.	desertification	20
832	沙滩（灘）	shātān	n.	beach	15
833	山区（區）	shānqū	n.	mountainous area	15
834	删除	shānchú	v.	delete	18
835	闪闪发（閃閃發）光	shǎnshǎnfā-guāng		emit sparkling light	15
836	善于（於）	shànyú	v.	be adept at	21
837	商场（場）	shāngchǎng	n.	shopping mall; department store	4
838	商量	shāngliang	v.	discuss, consult	15
839	商业（業）	shāngyè	n.	business	15
840	赏（賞）	shǎng	v.	enjoy	12
841	上海	Shànghǎi	pn.	Shanghai	9
842	上升	shàngshēng	v.	rise, increase	20

序号	简体（繁體）	拼音	词性	解释	课号
843	上网（網）	shàngwǎng	v.	go online	1
844	上游	shàngyóu	n.	upstream	20
845	设计（設計）	shèjì	v.	design	18
846	社区（區）	shèqū	n.	community	15
847	涉外	shèwài	adj.	related to foreign affairs	22
848	摄（攝）氏	Shèshì	pn.	Celsius	6
849	摄（攝）氏度	shèshìdù	n.	Celsius degree	7
850	摄（攝）像机（機）	shèxiàngjī	n.	camcorder	11
851	申请（請）	shēnqǐng	v./n.	apply; application	1
852	申请（請）表	shēnqǐngbiǎo	n.	application form	10
853	申请（請）人	shēnqǐngrén	n.	applicant	17
854	身份证（證）	shēnfèn-zhèng	n.	identity card	5
855	深深	shēnshēn	adv.	deeply, profoundly	16
856	神话（話）	shénhuà	n.	myth	21
857	婶婶（嬸嬸）	shěnshen	n.	aunt, wife of father's younger brother	14
858	甚至	shènzhì	adv.	even	4
859	生意	shēngyi	n.	business	17
860	省	shěng	v.	save, economize	8
861	圣（聖）地亚（亞）哥	Shèngdìyàgē	pn.	San Diego	9
862	圣诞节（聖誕節）	Shèngdàn Jié		Christmas	4
863	剩	shèng	v.	leave, remain	6
864	失败（敗）	shībài	v.	fail	21
865	失业（業）	shīyè	v.	lose job	2
866	失踪（蹤）	shīzōng	v.	disappear	19
867	诗歌	shīgē	n.	poetry	11
868	诗经（詩經）	Shījīng	pn.	The Book of Songs	21
869	十三陵	Shísānlíng	pn.	Ming Tombs	9
870	石斑鱼（魚）	shíbānyú	n.	grouper	14
871	石林	Shílín	pn.	Stone Forest	9
872	石油	shíyóu	n.	oil, petroleum	20
873	时（時）代广场（廣場）	Shídài Guǎngchǎng	pn.	Times Square	9
874	时（時）髦	shímáo	adj.	fashionable	2
875	实（實）行	shíxíng	v.	carry out; practice; implement	3
876	食物	shíwù	n.	food	12
877	史密斯	Shǐmìsī	pn.	Smith	17

序号	简体（繁體）	拼音	词性	解释	课号
878	使	shǐ	v.	make, cause	16
879	使馆（館）	shǐguǎn	n.	embassy	22
880	市场（場）	shìchǎng	n.	market	14
881	市区（區）	shìqū	n.	urban area	9
882	市容	shìróng	n.	city appearance	9
883	事迹（跡）	shìjì	n.	praise-worthy deed	19
884	事件	shìjiàn	n.	incident	14
885	事实（實）上	shìshí shang		as a matter of fact	18
886	事先	shìxiān	n.	in advance; beforehand	17
887	试试（試試）	shìshi		try	8
888	是否	shìfǒu	adv.	whether; if	17
889	适（適）合	shìhé	v.	fit, suit	15
890	收费（費）	shōufèi	v.	charge a fee	8
891	收获（獲）	shōuhuò	n.	harvest	12
892	收集	shōují	v.	collect	21
893	手机	shǒujī	n.	cell phone	14
894	手术（術）	shǒushù	n.	surgery, procedure	6
895	首	shǒu	m.	measure word	9
896	首都	shǒudū	n.	capital	9
897	首饰（飾）	shǒushì	n.	jewelry	4
898	首先	shǒuxiān	adv.	firstly	8
899	受	shòu	v.	receive	14
900	受伤（傷）	shòushāng	v.	be injured	19
901	书（書）法	shūfǎ	n.	calligraphy	21
902	书籍（書籍）	shūjí	n.	book	15
903	叔叔	shūshu	n.	father's younger brother	13
904	梳理	shūlǐ	v.	comb	17
905	舒适（適）	shūshì	adj.	comfortable	4
906	输（輸）入	shūrù	v.	input	18
907	蔬菜	shūcài	n.	vegetable	14
908	暑假	shǔjià	n.	summer vacation	1
909	暑期	shǔqī	n.	summer vacation	1
910	属于（屬於）	shǔyú	v.	belong to	6
911	树（樹）立	shùlì	v.	set up; establish	1
912	竖（豎）起	shùqǐ	v.	erect, stand (sth.) up	15
913	数（數）目	shùmù	n.	number	13

序号	简体（繁體）	拼音	词性	解释	课号
914	数码（數碼）	shùmǎ	n.	digital	11
915	衰败（敗）	shuāibài	n.	decline	21
916	水泊	shuǐpō	n.	(old use) areas with much water space	21
917	水蒸气（氣）	shuǐzhēngqì	n.	water vapor; steam	20
918	水质（質）	shuǐzhì	n.	water quality	20
919	税（稅）	shuì	n.	tax	9
920	顺（順）便	shùnbiàn	adv.	by the way; in passing	1
921	顺（順）其自然	shùnqízìrán	v.	leave things to develop naturally	12
922	硕（碩）士	shuòshì	n.	master	17
923	私	sī	adj.	private	16
924	私立	sīlì	adj.	private	22
925	思考	sīkǎo	v.	think deeply; ponder	22
926	思维（維）	sīwéi	n.	thinking, thought	18
927	死记（記）硬背	sǐjì-yìngbèi		rote learning	22
928	四川	Sìchuān	pn.	Sichuan (Province)	3
929	四季如春	sìjìrúchūn		all the seasons are like spring	7
930	似乎	sìhū	adv.	seemingly	22
931	塑料袋	sùliàodài	n.	plastic bag	15
932	虽（雖）然	suīrán	conj.	although	10
933	随（隨）便	suíbiàn	adv.	casually; without deliberation	2
934	随着（隨著）	suízhe	prep.	along with	18
935	随后（後）	suíhòu	adv.	then, afterwards	9
936	损（損）害	sǔnhài	n.	damage	19
937	损（損）失	sǔnshī	n.	loss	19
938	缩（縮）小	suōxiǎo	v.	narrow down	16
939	所谓（謂）	suǒwèi	adj.	so-called	16
940	所在	suǒzài	n.	location	22
941	台（臺）	tái	n.	stage	11
942	台北故宫博物院	Táiběi Gùgōng Bówù yuàn	pn.	Taipei Palace Museum	9
943	台风（颱風）	táifēng	n.	typhoon	19
944	台湾（臺灣）	Táiwān	pn.	Taiwan	9
945	太空	tàikōng	n.	space	9
946	摊（攤）	tān	n.	booth, stall; vendor's stand	4
947	瘫（癱）痪	tānhuàn	v.	paralyze	19
948	谈论（談論）	tánlùn	v.	talk and discuss	12
949	探亲（親）	tànqīn	v.	return home to visit one's family	4

序号	简体（繁體）	拼音	词性	解释	课号
950	探望	tànwàng	v.	visit people	15
951	汤（湯）姆	Tāngmǔ	pn.	Tom	13
952	唐代	Tángdài	pn.	Tang Dynasty	21
953	堂兄/弟/姐/妹	tángxiōng /dì /jiě /mèi	n.	(paternal) cousin	13
954	糖果	tángguǒ	n.	candy, sweets	12
955	趟	tàng	m.	a happening of a trip	9
956	讨厌（討厭）	tǎoyàn	adj	disgusting	18
957	讨价还价（討價還價）	tǎojià-huánjià		bargain, haggle, negotiate	4
958	套	tào	m.	set	2
959	特长（長）	tècháng	n.	strong point	17
960	特点（點）	tèdiǎn	n.	characteristic	21
961	特意	tèyì	adv.	deliberately; on purpose	4
962	踢	tī	v.	kick	10
963	提供	tígōng	v.	offer, provide	8
964	提议（議）	tíyì	v.	propose	15
965	体（體）温	tǐwēn	n.	body temperature	6
966	体（體）系	tǐxì	n.	system	22
967	体（體）育馆（舘）	tǐyùguǎn	n.	stadium	1
968	体现（體現）	tǐxiàn	v.	manifest	22
969	体（體）育	tǐyù	n.	sports; physical education	10
970	体会（體會）	tǐhuì	n.	experience	12
971	体（體）委	Tǐwěi	pn.	Sports Commission	10
972	替	tì	prep.	for; in someone's place	2
973	天安门（門）	Tiān'ānmén	pn.	Tian'anmen Square	9
974	天空	tiānkōng	n.	sky	7
975	天气预报（氣預報）	tiānqì yùbào	n.	weather forecast	7
976	天然气（氣）	tiānránqì	n.	natural gas	20
977	添	tiān	v.	add	8
978	田园（園）	tiányuán	n.	pastoral	9
979	甜	tián	adj.	sweet	3
980	填	tián	v.	fill	8
981	填表	tián biǎo	v.	fill in a form	1
982	铁（鐵）道	tiědào	n.	railway	16
983	厅（廳）	tīng	n.	a big room, e.g., living room or family room	2

序号	简体（繁體）	拼音	词性	解释	课号
984	厅长（廳長）	tīngzhǎng	n.	head of provincial ministry	2
985	停车场（車場）	tíngchēchǎng	n.	parking lot	4
986	通票	tōngpiào	n.	pass; through ticket	16
987	通讯（訊）	tōngxùn	n.	communication	18
988	通知书（書）	tōngzhīshū	n.	notice	22
989	同胞	tóngbāo	n.	sibling, compatriot	19
990	同事	tóngshì	n.	colleague	3
991	童星	tóngxīng	n.	child star	11
992	统（統）一	tǒngyī	adj.	unified, centralized	20
993	统统（統）	tǒngtǒng	adv.	all; completely	15
994	透视（視）	tòushì	v.	do X-ray	6
995	突出	tūchū	adj.	prominent	17
996	途经（經）	tújīng	v.	pass through; via	9
997	团（團）	tuán	n.	group, troupe	11
998	团队（團隊）	tuánduì	n.	team, group	10
999	团圆（團圓）	tuányuán	v.	reunite	12
1000	推出	tuīchū	v.	launch	18
1001	推荐（薦）	tuījiàn	v.	recommend	17
1002	推销（銷）	tuīxiāo	v.	promote the sale of things	17
1003	推销（銷）员（員）	tuīxiāoyuán	n.	salesman	17
1004	推行	tuīxíng	v.	promote	13
1005	退伍	tuìwǔ	v.	return to civilian life after military service	14
1006	托	tuō	v.	entrust somebody to do something	10
1007	外围（圍）	wàiwéi	n.	area surrounding a place	4
1008	湾（灣）区	Wānqū	pn.	San Francisco Bay Area	7
1009	完	wán	v.	finish; come to an end	8
1010	玩具	wánjù	n.	toy	4
1011	晚餐	wǎncān	n.	dinner, supper	14
1012	万（萬）里（裡）无云（雲）	wànlǐ-wúyún	pn.	cloudless	7
1013	王红（紅）	Wáng Hóng		a female name	4
1014	王慧文	Wáng Huìwén	pn.	Wang Huiwen	11
1015	王丽（麗）莎	Wáng Lìshā	pn.	Lisa Wang	11
1016	网（網）络（絡）	wǎngluò	n.	net; network	18
1017	网（網）球	wǎngqiú	n.	tennis	10
1018	网（網）站	wǎngzhàn	n.	website	8
1019	往上	wǎng shàng		upward	4

序号	简体（繁體）	拼音	词性	解释	课号
1020	忘记（記）	wàngjì	v.	forget	12
1021	旺季	wàngjì	n.	busy season	8
1022	微笑	wēixiào	v.	smile	4
1023	围（圍）	wéi	v.	surround	12
1024	维持	wéichí	v.	maintain	15
1025	维苏（蘇）威火山	Wéisūwēi Huǒshān	pn.	Mount Vesuvius	19
1026	卫（衛）生	wèishēng	n.	hygiene	6
1027	卫（衛）生间（間）	wèishēngjiān	n.	toilet	2
1028	味道	wèidao	n.	taste; smell	3
1029	慰问（問）	wèiwèn	v.	visit; express sympathy	15
1030	温（溫）室	wēnshì	n.	greenhouse	20
1031	温暖（溫暖）	wēnnuǎn	adj.	warm	13
1032	文化	wénhuà	n.	culture	3
1033	文件	wénjiàn	n.	document	10
1034	文娱（娛）	wényú	n.	recreational entertainment	11
1035	闻（聞）名	wénmíng	v.	be famous	21
1036	稳（穩）定性	wěndìngxìng	n.	stability	17
1037	卧（臥）室	wòshì	n.	bedroom	2
1038	污（汙）染	wūrǎn	n.	pollution	20
1039	无（無）家可归（歸）	wújiā-kěguī		be homeless	15
1040	无（無）所谓（謂）	wúsuǒwèi	v.	It doesn't matter.	3
1041	无线（無綫）	wúxiàn	adj	wireless	18
1042	无（無）疑	wúyí	adv.	undoubtedly	22
1043	无论（無論）	wúlùn	conj.	no matter what…	22
1044	五花八门（門）	wǔhuā-bāmén		of large variety	4
1045	五言诗	wǔyánshī	n.	poem with lines of five characters	21
1046	五颜（顏）六色	wǔyán-liùsè		colorful	4
1047	武汉（漢）	Wǔhàn	pn.	Wuhan	7
1048	武警	wǔjǐng	n.	armed police	19
1049	武术（術）	wǔshù	n.	martial arts	14
1050	舞蹈	wǔdǎo	n.	dance	11
1051	勿	wù	v.	do not	5
1052	物体（體）	wùtǐ	n.	object	20
1053	雾（霧）	wù	n.	fog	7

序号	简体（繁體）	拼音	词性	解释	课号
1054	雾中少女	Wùzhōng shǎonǚ	pn.	Maid of the Mist	9
1055	西安	Xī'ān	pn.	Xi'an	9
1056	西双（雙）版纳	Xīshuāngbǎnnà	pn.	Xishuangbanna	9
1057	西洋	xīyáng	n.	(old usage) Western world	14
1058	吸尘（塵）	xīchén	v.	vacuum	18
1059	吸收	xīshōu	v.	absorb	20
1060	吸引	xīyǐn	v.	attract	11
1061	希望	xīwàng	n.	hope	17
1062	稀里（裡）糊涂（塗）	xīlihútu	adj	muddle-headed	18
1063	习（習）俗	xísú	n.	custom	12
1064	习（習）以为（為）常	xíyǐwéicháng		become used to sth	20
1065	戏（戲）曲	xìqǔ	n.	traditional Chinese opera	11
1066	戏剧（戲劇）	xìjù	n.	drama	21
1067	虾（蝦）	xiā	n.	shrimp	14
1068	瞎说（說）	xiāshuō	v.	talk nonsense	3
1069	下载（載）	xiàzài	v.	download	22
1070	夏威夷	Xiàwēiyí	pn.	Hawaii	9
1071	咸（鹹）	xián	adj.	salty	3
1072	现（現）象	xiànxiàng	n.	phenomenon	20
1073	线（綫）路	xiànlù	n.	line, route	16
1074	限制	xiànzhì	v.	restrict	20
1075	献（獻）	xiàn	v.	contribute, present	19
1076	相当于（當於）	xiāngdāng yú		equivalent to	7
1077	相关（關）	xiāngguān	adj.	relevant	17
1078	相声（聲）	xiàngsheng	n.	crosstalk	11
1079	香江	Xiāng Jiāng	pn.	Xiangjiang (Fragrant River)	3
1080	香山	Xiāng Shān	pn.	Fragrance Hills, the hills in the western suburb of Beijing, famous for red leaves in late autumn.	12
1081	享受	xiǎngshòu	v.	enjoy	2
1082	响应（響應）	xiǎngyìng	v.	respond (emergency response)	11
1083	想象	xiǎngxiàng	v.	imagine	8
1084	项（項）	xiàng	m.	item	6
1085	项（項）目	xiàngmù	n.	item, project	9

序号	简体（繁體）	拼音	词性	解释	课号
1086	像……之类（類）	xiàng...zhīlèi	prep.	such as	6
1087	象棋	xiàngqí	n.	Chinese chess	18
1088	象征（徵）	xiàngzhēng	n.	symbol	11
1089	消耗	xiāohào	v.	consume	20
1090	消失	xiāoshī	v.	disappear	13
1091	消息	xiāoxi	n.	news	18
1092	小伙子	xiǎohuǒzi	n.	young man	9
1093	小李	Xiǎo Lǐ	pn.	a name	2
1094	小刘（劉）	Xiǎo Liú	pn.	Xiao Liu	4
1095	小明	Xiǎomíng	pn.	Xiaoming, male name	1
1096	小品	xiǎopǐn	n.	mini-drama, skit	11
1097	小区（區）	xiǎoqū	n.	residential community	2
1098	小王	Xiǎo Wáng	pn.	Xiao Wang	4
1099	小心	xiǎoxīn	adj.	careful	6
1100	小于（於）	xiǎo yú		less than	7
1101	小张	Xiǎo Zhāng	pn.	a name (when used before surname, 小 serves as a casual way of addressing people much younger than the speaker.)	2
1102	小赵（趙）	Xiǎo Zhào	pn.	Xiao Zhao	21
1103	效果	xiàoguǒ	n.	effect	18
1104	效应（應）	xiàoyìng	n.	effect	20
1105	校园（園）	xiàoyuán	n.	campus	1
1106	写实（寫實）	xiěshí	v.	write or paint realistically	21
1107	欣赏（賞）	xīnshǎng	v.	appreciate	9
1108	新款	xīnkuǎn	n.	new style	18
1109	新台币（臺幣）	Xīntáibì		the New Taiwan Dollar (NT$)	5
1110	信息	xìnxī	n.	information	15
1111	信心	xìnxīn	n.	self-confidence	17
1112	信用卡	xìnyòngkǎ	n.	credit card	8
1113	星级（級）	xīngjí	n.	star grade (of hotels)	8
1114	星星	Xīngxing		diminutive of Cheng Xing	5
1115	行程	xíngchéng	n.	trip, itinerary	9
1116	行动（動）	xíngdòng	v.	take action	15
1117	行善	xíngshàn	v.	do good deeds	15
1118	形式	xíngshì	n.	form	11
1121	醒	xǐng	v.	wake up	6
1120	幸亏（虧）	xìngkuī	adv.	fortunately	18

序号	简体（繁體）	拼音	词性	解释	课号
1121	性质（質）	xìngzhì	n.	nature	15
1122	修建	xiūjiàn	v.	construct	16
1123	需要	xūyào	v.	need	8
1124	叙（敘）述	xùshù	v.	narrate	21
1125	选（選）	xuǎn	v.	select	1
1126	选（選）修	xuǎnxiū	v.	take as an elective course	5
1127	选择（選擇）	xuǎnzé	v.	choose	8
1128	学（學）期	xuéqī	n.	term	1
1129	学（學）位	xuéwèi	n.	degree	17
1130	学（學）者	xuézhě	n.	scholar	13
1131	学费（學費）	xuéfèi	n.	tuition	1
1132	学历（學歷）	xuélì	n.	education; educational background	17
1133	学生处（處）	xuéshēngchù	n.	Office of Student Services	1
1134	训练（訓練）	xùnliàn	n.	training	14
1135	迅速	xùnsù	adj.	rapid, fast	19
1136	压（壓）	yā	v.	push down; hold down; suppress	4
1137	押金	yājīn	n.	deposit	8
1138	鸭（鴨）	yā	n.	duck	14
1139	淹没	yānmò	v.	submerge, inundate	20
1140	严（嚴）重	yánzhòng	adj.	serious, severe	19
1141	沿	yán	prep.	along	20
1142	沿海	yánhǎi	n.	coastal areas	19
1143	研究生	yánjiūshēng	n.	graduate student	7
1144	演	yǎn	v.	perform	11
1145	演员（員）	yǎnyuán	n.	actor, actress	21
1146	验（驗）尿	yàn niào		test urine	6
1147	验（驗）血	yàn xiě		test blood	6
1148	阳（陽）明山	Yángmíng Shān	pn.	Mt Yangmingshan	9
1149	阳历（陽曆）	yánglì	n.	solar calendar	12
1150	洋	yáng	adj.	foreign	12
1151	药（藥）房	yàofáng	n.	pharmacy	6
1152	药（藥）方	yàofāng	n.	prescription	6
1153	要不然	yàobùrán	conj.	otherwise, or	4
1154	要紧（緊）	yàojǐn	adj.	important, serious	17
1155	业务（業務）	yèwù	n.	vocational work; business	5
1156	一带（帶）	yídài	n.	vicinity	3

序号	简体（繁體）	拼音	词性	解释	课号
1157	一流	yīliú	adj.	first-rate	21
1158	一路	yílù	n.	all the way	9
1159	一律	yílǜ	adv.	with no exception	3
1160	一年到头（頭）	yì nián dào tóu		all the year round	7
1161	一日之功	yírìzhīgōng		one day's work	20
1162	一下子	yíxiàzi	adv.	all of a sudden; at once; momentarily, quickly	11
1163	一向	yíxiàng	adv.	always	11
1164	医疗（醫療）	yīliáo	n.	medical service	6
1165	医药（醫藥）	yīyào	n.	medicine	6
1166	依	yī	prep	according to	16
1167	依赖（賴）	yīlài	v.	depend on	22
1168	夷为（為）平地	yíwéipíngdì	v.	raze to the ground; flatten	19
1169	姨妈	yímā	n.	mother's sister	13
1170	移民	yímín	v.	migrate	16
1171	以……为（為）主	yǐ...wéizhǔ		have ... as the main form; consist of mainly	11
1172	以及	yǐjí	conj.	and; as well as	17
1173	以为（為）	yǐwéi	v.	think, assume	10
1174	义（義）工	yìgōng	n.	volunteer	15
1175	义务（義務）	yìwù	n.	obligation	15
1176	艺（藝）人	yìrén	n.	artist, performer	11
1177	艺术（藝術）宫	yìshùgōng	n.	arts palace	9
1178	艺术（藝術）家	yìshùjiā	n.	artist	21
1179	阴（陰）冷	yīnlěng	adj.	humidly cold	7
1180	阴（陰）天	yīntiān	n.	cloudy day	6
1181	阴历	yīnlì	n.	lunar calendar	12
1182	银（銀）白	yínbái	n.	silvery white	15
1183	引起	yǐnqǐ	v.	cause	19
1184	引用	yǐnyòng	v.	quote	21
1185	饮（飲）食	yǐnshí	n.	food; food and drinks	3
1186	印	yìn	v.	print	17
1187	印度尼西亚（亞）	Yìndùníxīyà	pn.	Indonesia	19
1188	印象	yìnxiàng	n.	impression	17
1189	应（應）付	yìngfù	v.	deal with	22
1190	应（應）有尽（盡）有	yīngyǒu-jìn yǒu		have everything	4
1191	英式	yīngshì	adj.	British style	10

序号	简体（繁體）	拼音	词性	解释	课号
1192	营养（營養）	yíngyǎng	n.	nutrition	21
1193	赢（贏）得	yíngdé	v.	win	11
1194	影城	yǐngchéng	n.	movie theater (usually used in naming)	9
1195	影视（視）	yǐngshì	n.	movie and television	11
1196	涌（湧）	yǒng	v.	surge, rush	19
1197	踊跃（踴躍）	yǒngyuè	adj.	vying with one another	19
1198	用功	yònggōng	adj.	hardworking	22
1199	用户	yònghù	n.	user	18
1200	用途	yòngtú	n.	use	13
1201	优（優）美	yōuměi	adj.	beautiful	21
1202	优（優）秀	yōuxiù	adj.	excellent	21
1203	哟（喲）	yō	intj.	(expressing surprise)	13
1204	由	yóu	prep.	by	6
1205	由于（於）	yóuyú	prep.	because of	7
1206	邮（郵）件	yóujiàn	n.	mail	2
1207	邮（郵）箱	yóuxiāng	n.	mail box	8
1208	油画（畫）	yóuhuà	n.	oil painting	21
1209	游（遊）船	yóuchuán	n.	cruise ship	9
1210	游（遊）客	yóukè	n.	tourist	15
1211	游览（覽）	yóulǎn	v.	tour	9
1212	游戏（戲）	yóuxì	n.	game	1
1213	游泳	yóuyǒng	v.	swim; go swimming	10
1214	游泳池	yóuyǒngchí	n.	swimming pool	1
1215	幼儿园（兒園）	yòu'éryuán	n.	preschool	22
1216	于（於）是	yúshì	conj.	so; hence	12
1217	余（餘）震	yúzhèn	n.	aftershock	19
1218	渔（漁）人	yúrén	n.	fisherman	9
1219	愉快	yúkuài	adj.	happy, pleasant	8
1220	与（與）	yǔ	prep.	and	11
1221	预（預）料	yùliào	v.	expect, predict	19
1222	预测	yùcè	v.	forecast	20
1223	预订（預訂）	yùdìng	v.	book, reserve	8
1224	预算	yùsuàn	n.	budget	8
1225	预约（預約）	yùyuē	v.	make an appointment	6
1226	豫园	Yùyuán	pn.	Yuyuan Garden	9
1227	元宵	yuánxiāo	n.	rice dumpling	12

序号	简体（繁體）	拼音	词性	解释	课号
1228	元宵节（節）	Yuánxiāo Jié	pn.	Lantern Festival. The 15th day of the lunar month, deemed as the last day of the traditional Spring Festival period.	12
1229	原因	yuányīn	n.	cause	11
1230	圆（圓）形	yuánxíng	adj.	round-shaped	4
1231	约（約）	yuē	v.	make an appointment (deating)	2
1232	约（約）翰	Yuēhàn	pn.	John	3
1233	月饼（餅）	yuèbǐng	n.	moon cake	12
1234	越	yuè	adv.	even more	5
1235	越来（來）越	yuèláiyuè	adv.	more and more	5
1236	越战（戰）	Yuèzhàn	pn.	Vietnam War	9
1237	云（雲）南	Yúnnán	pn.	Yunnan Province	8
1238	云（雲）南省	Yúnnán Shěng	pn.	Yunnan Province	15
1239	运（運）算	yùnsuàn	n.	calculation	18
1240	运动（運動）	yùndòng	n.	sports	10
1241	杂（雜）技	zájì	n.	acrobatics	11
1242	砸碎	zásuì	v.	smash; break into pieces	19
1243	灾（災）	zāi	n.	disaster	19
1244	再说（說）	zàishuō	adv.	besides	1
1245	在于（於）	zàiyú	v.	lie in	12
1246	赞赏（讚賞）	zànshǎng	v.	appreciate	15
1247	遭到	zāodào	v.	sustain; suffer from; receive	18
1248	造成	zàochéng	v.	cause	19
1249	造林	zàolín	v.	afforest	20
1250	噪音	zàoyīn	n.	noise	20
1251	则（則）	zé	conj.	(lit.) then	13
1252	增加	zēngjiā	v.	increase	18
1253	扎实（實）	zhāshi	adj.	solid; well founded	22
1254	战胜（戰勝）	zhànshèng	v.	beat, defeat	19
1255	张（張）大千	Zhāng Dàqiān	pn.	Zhang Daqian	21
1256	张（張）红	Zhāng Hóng	pn.	Zhang Hong	12
1257	张小云	Zhāng Xiǎoyún	pn.	Zhang Xiaoyun	11
1258	涨（漲）	zhǎng	v.	rise	1
1259	掌声（聲）	zhǎngshēng	n.	sound of applause	11
1260	账（賬）	zhàng	n.	bill, account	3
1261	账（賬）户	zhànghù	n.	account	5
1262	招待所	zhāodàisuǒ	n.	guest house	8

序号	简体（繁體）	拼音	词性	解释	课号
1263	招聘	zhāopìn	v.	recruit, hire	17
1264	照	zhào	v.	shine; shed light on	7
1265	照耀	zhàoyào	v.	shine	15
1266	折	zhé	n.	discount	3
1267	折磨	zhémo	v.	torture	13
1268	者	zhě	prep.	(suffix indicating person)	15
1269	珍妮	Zhēnnī	pn.	Jenny	13
1270	珍珠港	Zhēnzhū Gǎng	pn.	Pearl Harbor	9
1271	诊（診）室	zhěnshì	n.	doctor's office	6
1272	阵（陣）	zhèn	m.	an outburst of	11
1273	震动（動）	zhèndòng	n.	vibration	19
1274	震中	zhènzhōng	n.	epicenter	19
1275	挣（掙）	zhèng	v.	earn	1
1276	整	zhěng	adj.	whole	15
1277	整洁（潔）	zhěngjié	adj.	clean and in good order	17
1278	整理	zhěnglǐ	v.	sort out; put in order	15
1279	整天	zhěngtiān	adv.	all day	1
1280	整整齐齐（齊）	zhěngzhěng-qíqí	adj.	neat; in good order	12
1281	正门（門）	zhèngmén	n.	main entrance	10
1282	正式	zhèngshì	adj.	formal, official	17
1283	正月	zhēngyuè	n.	the 1st month in lunar calendar	12
1284	证（証）明	zhèngmíng	n.	proof	10
1285	证书（證書）	zhèngshū	n.	certificate	22
1286	政策	zhèngcè	n.	policy	13
1287	支教	zhījiào	v.	support (rural) education	15
1288	支票	zhīpiào	n.	(bank) check	5
1289	支援	zhīyuán	v.	support, aid	19
1290	直接	zhíjiē	adj.	direct	16
1291	职业（職業）	zhíyè	n.	vocation, profession	17
1292	植	zhí	v.	plant	15
1293	植（植）	zhí	v.	plant	20
1294	指导（導）	zhǐdǎo	v.	guide	11
1295	指定	zhǐdìng	v.	designate	14
1296	至于	zhìyú	prep.	as for	13
1297	志愿（願）	zhìyuàn	v.	volunteer	15
1298	制	zhì	n.	system, institution	3

序号	简体（繁體）	拼音	词性	解释	课号
1299	质（質）量	zhìliàng	*n.*	quality	20
1300	秩序	zhìxù	*n.*	order	15
1301	智能	zhìnéng	*n./adj*	intelligence; smart smart phone smart card smart board smart robot	18
1302	中	zhòng	*v.*	win; hit the target	10
1303	中成药（藥）	Zhōngchéng yào	*n.*	Chinese medicine pills and tablets	6
1304	中毒	zhòngdú	*v.*	(of a computer) attacked by a virus; be poisoned	18
1305	中国（國）银（銀）行	Zhōngguó Yínháng	*pn.*	Bank of China	5
1306	中国中央电视台（電視臺）	Zhōngguó Zhōngyāng Diànshìtái	*pn.*	China Central TV	11
1307	中秋节（節）	Zhōngqiū Jié	*pn.*	Mid-autumn Festival. The special festival food is moon cake. It is also a time for family reunions.	12
1308	中央	zhōngyāng	*n.*	center; central government	20
1309	钟（鐘）	zhōng	*n.*	bell	9
1310	重点（點）	zhòngdiǎn	*n.*	important point, focus	17
1311	周大卫	Zhōu Dàwèi	*pn.*	David Zhou	11
1312	周到	zhōudào	*adj.*	thoughtful	4
1313	周游（遊）	zhōuyóu	*v.*	travel round	14
1314	逐步	zhúbù	*adv.*	step by step	18
1315	主办（辦）	zhǔbàn	*v.*	host	10
1316	主人公	zhǔréngōng	*n.*	main character in literary works; protagonist	21
1317	主意	zhǔyi	*n.*	idea	8
1318	住处（住處）	zhùchù	*n.*	residence; lodging place	8
1319	住院	zhùyuàn	*v.*	hospitalize	6
1320	住宅区（區）	zhùzháiqū	*n.*	residential area	9
1321	注册（註册）	zhùcè	*v.*	register	1
1322	著名	zhùmíng	*adj.*	well-known	9
1323	专（專）科	zhuānkē	*n.*	special area	6
1324	专柜（專櫃）	zhuānguì	*n.*	counter selling some particular kinds of goods	21
1325	专卖（專賣）店	zhuānmài diàn	*n.*	franchise store	4
1326	转（轉）	zhuǎn	*v.*	transfer, change	16
1327	转（轉）播	zhuǎnbō	*v.*	broadcast (relay)	10
1328	转（轉）晴	zhuǎnqíng	*v.*	(sky) clear up	7

序号	简体（繁體）	拼音	词性	解释	课号
1329	转（轉）移	zhuǎnyí	v.	evacuate	19
1330	赚	zhuàn	v.	earn; make profit	15
1331	装（裝）	zhuāng	v.	install	18
1332	壮	zhuàng	adj.	physically strong; muscular	9
1333	状况（狀況）	zhuàngkuàng	n.	situation	16
1334	着	zhe	part.	(continuation marker indicating an action in progress or a state of existence)	6
1335	着急	zháojí	v.	feel worried	6
1336	着凉（涼）	zháoliáng	v.	catch a cold	6
1337	着落	zhuóluò	n.	result	10
1338	子丑（醜）寅卯	zǐchǒuyínmǎo	n.	word for hours in ancient China	12
1339	自觉（覺）	zìjué	adj.	on one's initiative	15
1340	自然	zìrán	adj.	natural	17
1341	自食其力	zìshíqílì		be self-reliant	22
1342	自选（選）	zìxuǎn	adj.	self-select	9
1343	自由	zìyóu	adj.	free	9
1344	自由女神像	Zìyóunǚshénxiàng	pn.	Statue of Liberty	9
1345	自助餐	zìzhùcān	n.	buffet	14
1346	自作主张（張）	zìzuò zhǔzhāng		make a decision out of one's own will	20
1347	总（總）集	zǒngjí	n.	complete collection	21
1348	粽子	zòngzi	n.	sticky rice dumplings wrapped in bamboo leaves	12
1349	租	zū	v.	rent	2
1350	足球	zúqiú	n.	football	10
1351	足足	zúzú	adv.	as much as	14
1352	阻力	zǔlì	n.	resistance	20
1353	左右	zuǒyòu	num.	about	7
1354	作品	zuòpǐn	n.	work, writings	21
1355	作为（為）	zuòwéi	prep.	as	22
1356	坐	zuò	v.	sit, take (bus, plane, boat, etc.)	10

二、汉字索引（第 1 课 到 第 22 课）

拼音	汉字	部件	课号
ā	阿	阝+可	13
ài	爱	爫+冖+友	10
àn	按	扌+安（宀+女）	6
ān	安	宀+女	4
bài	拜	手+丰	12
bài	败	贝+攵	18
bàn	办	力+丶+丶	10
bǎn	板	木+反	11
bàng	棒	木+奉	10
bāng	帮	邦（丰+阝）+巾	8
bào	报	扌+𠬝	1
bào	暴	日+共+氺	7
bǎo	保	亻+呆（口+木）	6
bāo	包	勹+巳	9
bèi	辈	非+车	13
bèi	备	夂+田	18
bèi	背	北+月	22
bèi	被	衤+皮	11
bì	毕	比+十	21
bì	币	丿+巾	5
bǐ	笔	竹+毛	18
bǐ	比	匕+匕	2

82

拼音	汉字	部件	课号
biàn	变	亦+又	18
biàn	便	亻+更	2
biān	边	力+辶	15
biān	编	纟+扁	11
biǎo	表	表	10
bié	别	另（口+力）+刂	8
bìng	病	疒+丙	6
bǐng	饼	饣+并	12
bīng	冰	冫+水	19
bó	伯	亻+白	13
bō	播	扌+番（+田）	10
bù	部	咅（立+口）+阝	4
bù	步	步	10
cái	才	才	13
cái	材	木+才	20
cái	财	贝+才	4
cài	菜	艹+采（爫+木）	14
cān	餐	歺+又+食	3
cān	参	厶+大+彡	9
cè	测	氵+则（贝+刂）	19
céng	曾	曽+日	18
céng	层	尸+云	22
chā	差	羊+工	16
chǎn	产	产	17

拼音	汉字	部件	课号
cháng	尝	龸+云	12
cháng	常	龸+吊（口+巾）	20
cháng	长	长	5
chǎng	场	土+易	4
chē	车	车	4
chén	尘	小+土	20
chéng	成	成	6
chéng	乘	禾+北	9
chéng	城	土+成	9
chēng	称	禾+尔	13
chóng	重	千+里（田+土）	7
chǒng	宠	宀+龙	22
chōu	抽	扌+由	21
chú	除	阝+余	1
chú	厨	厂+豆+寸	2
chù	触	角+虫	22
chù	处	夂+卜	8
chū	初	衤+刀	12
chuán	传	亻+专	12
chuán	船	舟+（几+口）	9
chuān	穿	穴+牙	17
chuàng	创	仓+刂	22
chuāng	窗	穴+囱	18
chūn	春	夫+日	11

拼音	汉字	部件	课号
cì	次	冫+欠	20
cù	醋	酉+昔	3
cún	存	才+子	5
cuò	措	扌+昔	20
dá	达	大+辶	9
dǎ	打	扌+丁	8
dài	戴	戈+異（田+共）	17
dài	带	卅+冖+巾	3
dāi	呆	口+木	1
dàn	旦	日+一	19
dān	担	扌+旦	2
dān	单	单	3
dāng	当	当	3
dào	道	首+辶	16
dào	到	至+刂	8
dé	得	彳+寻	11
děng	等	竹+寺（土+寸）	6
dēng	登	癶+豆	10
dì	第	竹+弟	9
dǐ	底	广+氐	20
dī	低	亻+氐	4
diàn	店	广+占	4
diàn	电	电	4
diǎn	点	占+灬	9

拼音	汉字	部件	课号
dié	碟	石+世+木	14
dìng	订	讠+丁	3
dìng	定	宀+疋	5
dǐng	顶	丁+页	21
dòng	动	云+力	10
dú	毒	圭+母	18
dú	独	犭+虫	22
dǔ	堵	土+者（耂+日）	16
duì	对	又+寸	17
duì	兑	丷+兄	5
duì	队	阝+人	10
duó	夺	大+寸	22
fā	发	发	19
fán	繁	敏（每+攵）+糸	16
fáng	妨	女+方	17
fáng	房	户+方	2
fáng	防	阝+方	6
fàng	放	方+攵	2
fāng	方	方	2
fèi	废	广+发	20
fèi	费	弗+贝	1
fēi	非	非	13
fèn	份	亻+分（八+刀）	5
fēn	氛	气+分	11

拼音	汉字	部件	课号
fēn	纷	纟+分	11
fēng	风	几+乂	7
fǒu	否	不+口	17
fú	福	礻+畐（一+口+田）	17
fú	幅	巾+畐	21
fú	服	月+𠬝	1
fù	父	父	13
fù	妇	女+彐	13
fù	复	𠂉+日+夂	18
fù	付	亻+寸	3
fū	夫	夫	13
gǎi	改	己+攵	5
gǎn	赶	走+干	2
gǎn	敢	耳+攵	2
gǎn	感	咸+心	6
gāng	刚	冈+刂	4
gào	告	牛+口	4
gāo	高	亠+口+同	5
gé	格	木+各（+口）	4
gè	各	夂+口	4
gē	歌	哥+欠	11
gēn	根	木+艮	8
gēng	更	更	16
gōng	功	工+力	18

附录 汉字索引

87

拼音	汉字	部件	课号
gòu	构	木+勾	15
gòu	购	贝+勾（勹+厶）	10
gù	雇	户+隹	17
gù	顾	厄+页	17
gù	固	囗+古	22
gù	故	古（十+口）+攵	9
gǔ	股	月+殳（几+又）	14
gǔ	骨	冎+月	14
gǔ	古	十+口	9
gū	估	亻+古	19
gū	姑	女+古（十+口）	9
guà	挂	扌+圭（土+土）	6
guài	怪	忄+圣（又+土）	4
guǎn	管	竹+官	17
guǎn	馆	饣+官	1
guān	关	关	7
guān	观	又+见	7
guǎng	广	广	3
guì	贵	中+一+贝	19
guī	规	夫+见	8
guó	国	囗+玉	4
guò	过	寸+辶	3
guǒ	果	田+木	10
hài	害	宀+丰+口	2

拼音	汉字	部件	课号
hǎi	海	氵+每	7
hán	寒	宀+共+冫	8
hàn	汉	氵+又	15
hàn	汗	氵+干	16
hǎn	罕	冖+干	19
háng	行	彳+亍	5
hào	号	口+丂	6
hǎo	好	女+子	2
hé	合	合	15
hé	河	氵+可	19
hèn	恨	忄+艮	15
hóng	红	纟+工	21
hòu	候	（亻+丨）+矦	6
hòu	厚	厂+日+子	7
hù	护	扌+户	20
hù	户	户	5
huá	华	化（亻+匕）+十	6
huà	话	讠+舌（千+口）	18
huà	画	一+田+凵	21
huà	化	亻+匕	3
huā	花	艹+化（亻+匕）	10
huài	坏	土+不	20
huán	环	王+不	20
huán	还	不+辶	4

拼音	汉字	部件	课号
huàn	换	扌+奂（+央）	5
huān	欢	又+欠	11
huáng	黄	艹+由+八	20
huáng	皇	白+王	22
huí	回	囗+口	3
hūn	婚	女+昏（氏+日）	2
huo	和	禾+口	8
huò	货	化+贝	12
jí	集	隹+木	14
jí	极	木+及	11
jì	技	扌+支	16
jì	季	禾+子	7
jì	纪	纟+己	9
jī	圾	土+及	15
jī	机	木+几	16
jī	基	其+土	18
jià	假	亻+叚	1
jià	价	亻+介	2
jiā	家	宀+豕	21
jiàn	件	亻+牛	14
jiàn	见	见	14
jiàn	建	聿+廴	16
jiàn	荐	艹+存（+子）	17
jiàn	健	亻+建（聿+廴）	10

拼音	汉字	部件	课号
jiǎn	捡	扌+佥	15
jiǎn	简	⺮+间（门+日）	17
jiān	间	门+日	2
jiǎng	奖	丬+夕+大	22
jiāng	将	丬+（夕+寸）	20
jiào	教	孝（耂+子）+攵	15
jiào	叫	口+丩	6
jiāo	交	交	16
jié	洁	氵+吉	12
jié	结	纟+吉（士+口）	2
jié	节	艹+卩	11
jiè	界	田+介	22
jiě	姐	女+且	4
jiē	接	扌+妾（立+女）	22
jiē	街	彳+圭+亍	9
jìn	尽	尺+丶丶	4
jìn	进	井+辶	4
jǐn	紧	𭕄+纟（幺+小）	17
jīn	禁	林（木+木）+示	18
jīn	金	金	8
jìng	境	土+竟（立+日+儿）	20
jìng	竟	立+兄	22
jǐng	警	敬（苟+攵）+言	19
jǐng	景	日+京	9

拼音	汉字	部件	课号
jīng	经	纟+(又+工)	9
jiù	救	求+攵	19
jiù	就	京+尤	3
jiǔ	酒	氵+酉	9
jù	剧	居+刂	21
jù	聚	取(耳+又)+氺	1
juān	捐	扌+(口+月)	11
jué	觉	龸+见	14
jūn	军	冖+车	14
kǎ	卡	上+卜	5
kào	靠	告+非	1
kè	客	宀+各(+口)	3
kě	可	可	2
kǒng	恐	巩(工+凡)+心	12
kōng	空	穴+工	2
kǔ	苦	艹+古	14
kuài	筷	竹+快(忄+夬)	3
kuǎn	款	士+示+欠	5
kuān	宽	宀+艹+见	18
kuàng	况	冫+兄	16
kùn	困	囗+木	19
là	辣	辛+束	3
lā	垃	土+立	15
lái	来	来	2

拼音	汉字	部件	课号
lán	蓝	艹+监（+皿）	7
lǎn	览	龽+见	9
lǎn	懒	忄+赖（束+负）	10
lè	乐	乐	5
léi	雷	雨+田	7
lèi	类	米+大	17
lěng	冷	冫+令	7
lì	历	厂+力	12
lì	厉	厂+万	16
lì	利	禾+刂	17
lì	丽	一+冂+冂	9
lǐ	礼	礻+乚	3
lǐ	里	田+土	7
lǐ	理	王+里（田+土）	8
lián	联	耳+关	22
lián	连	车+辶	4
liàn	练	纟+东	14
liáng	凉	冫+京	6
liàng	量	曰+一+里	22
liáo	聊	耳+卯	1
liáo	疗	疒+了	6
liào	料	米+斗	15
lín	林	木+木	20
líng	零	雨+令	5

拼音	汉字	部件	课号
lìng	另	口+力	5
lìng	令	令	11
liú	流	氵+㐬	21
lóu	楼	木+娄（米+女）	2
lù	录	⺕+氺	18
lù	路	足+各（+口）	9
lù	陆	阝+击	9
lǚ	旅	方+𧘇	1
lùn	论	讠+仑	12
mǎ	码	石+马	9
mài	麦	麦	3
mài	卖	十+买	4
mǎi	买	乛+头	3
mào	冒	冃+目	6
mèi	妹	女+未	13
mèng	梦	林（木+木）+夕	21
mí	迷	米+辶	10
mì	密	宀+必+山	16
míng	名	夕+口	1
míng	明	日+月	4
mò	漠	氵+莫	20
mù	墓	莫（艹+日+大）+土	12
mù	墓	莫（艹+日+大）+土	7
mù	幕	莫（艹+日+大）+巾	10

拼音	汉字	部件	课号
nán	南	南	7
nán	难	又+隹	7
nào	闹	门+市	12
nǎo	脑	月+㐫	1
ní	泥	氵+尼	19
niàn	念	今+心	9
nuǎn	暖	日+爰	7
pà	怕	忄+白	2
pái	排	扌+非	3
pái	牌	片+卑	4
pào	炮	火+包	12
pǎo	跑	𧾷+包（勹+巳）	10
pèi	配	酉+己	16
piào	票	西+示（二+小）	5
pìn	聘	耳+粤（由+丂）	17
pǐn	品	口+口+口	3
pò	破	石+皮	3
qì	汽	氵+气	15
qì	气	气	5
qǐ	起	走+己	15
qī	期	其+月	1
qián	钱	钅+戋	5
qiān	签	𥫗+金	10
qiáo	侨	亻+乔	16

拼音	汉字	部件	课号
qīn	亲	立+木	5
qíng	情	忄+青	12
qíng	晴	日+青	7
qǐng	请	讠+青	10
qīng	清	氵+青	12
qīng	清	氵+青	9
qiú	球	王+求	10
qǔ	取	耳+又	8
qū	区	区	2
què	确	石+角（⺈+用）	21
qún	裙	衤+君（尹+口）	4
rán	然	夕+犬+灬	22
rǎn	染	氵+九+木	20
rè	热	执（扌+九）+灬	1
rèn	认	讠+人	8
rú	如	女+口	10
sǎo	扫	扌+彐	12
shā	沙	氵+少	20
shàn	善	羊+丷+口	16
shǎng	赏	尚+员（口+贝）	12
shè	社	礻+土	15
shè	设	讠+殳（几+又）	18
shè	摄	扌+聂（耳+又+又）	7
shén	神	礻+申	21

拼音	汉字	部件	课号
shěn	婶	女+审（宀+申）	14
shēn	申	申	17
shèng	胜	月+生	19
shěng	省	少+目	15
shēng	声	士+尸	11
shí	识	讠+只	14
shí	实	宀+头	22
shì	适	舌+辶	15
shì	室	宀+至	2
shì	视	礻+见	6
shì	氏	氏	7
shì	试	讠+式（工+弋）	8
shǐ	使	亻+吏（一+史）	13
shǐ	史	史	13
shǐ	始	女+台（厶+口）	9
shī	失	失	13
shī	诗	讠+寺（土+寸）	21
shòu	受	爫+又	19
shōu	收	丩+攵	21
shù	数	娄（米+女）+攵	13
shǔ	属	尸+禹	13
shǔ	暑	日+者	1
shǔ	暑	日+者（耂+日）	8
shū	叔	上+小+又	13

拼音	汉字	部件	课号
shū	输	车+俞	18
shuì	税	禾+兑（丷+兄）	9
sī	思	田+心	18
sī	私	禾+厶	22
sòng	送	关+辶	16
sú	俗	亻+谷	12
sù	速	束+辶	19
suàn	算	竹+目+廾	18
suí	随	阝+有+辶	18
sǔn	损	扌+员（口+贝）	19
suǒ	所	户+斤	16
suō	缩	纟+宿（宀+亻+百）	16
tán	谈	讠+炎（+火）	17
tān	滩	氵+难（又+佳）	15
táng	糖	米+唐（广+肀+口）	12
táng	堂	龸+口+土	13
táng	唐	广+肀+口	21
tāng	汤	氵+𠃓	14
tào	套	大+镸	2
tè	特	牛+寺（土+寸）	17
tí	提	扌+是（日+）	15
tì	替	夫+夫+日	18
tǐ	体	亻+本	6
tī	踢	𧾷+易（日+勿）	10

拼音	汉字	部件	课号
tián	填	土+真	1
tiáo	调	讠+周（+土+吉）	14
tiě	铁	钅+失	16
tǒng	统	纟+充	15
tōng	通	甬（+用）+辶	16
tú	途	余+辶	13
tuán	团	囗+才	12
tuì	退	艮+辶	14
tuī	推	扌+佳	17
wán	玩	王+元	4
wán	完	宀+元	8
wǎn	晚	日+免	11
wān	湾	氵+弯（+弓）	19
wàng	忘	亡+心	12
wàng	望	亠+月+王	17
wàng	忘	亡+心	9
wǎng	网	冂+乂+乂	1
wéi	围	囗+韦	12
wèi	慰	尉（尸+示+寸）+心	15
wén	闻	门+耳	21
wěn	稳	禾+急（刍+心）	17
wēn	温	氵+昷	6
wù	误	讠+吴（口+天）	13
wù	务	夂+力	1

99

拼音	汉字	部件	课号
wù	雾	雨+务（+力）	9
wǔ	武	弋+止	14
wū	污	氵+亏	20
xì	戏	又+戈	21
xī	息	自+心	15
xī	希	ㄨ+布	17
xī	吸	口+及	11
xiā	虾	虫+下	14
xián	咸	咸	3
xiàn	线	纟+戋	16
xiàn	献	南+犬	19
xiàn	限	阝+艮	20
xiǎn	险	阝+佥	6
xiàng	向	向	11
xiǎng	响	口+向	11
xiāng	香	禾+日	3
xiāng	相	木+目	7
xiāng	箱	竹+相（木+目）	8
xiào	效	交+攵	18
xiào	笑	竹+夭	4
xiǎo	晓	日+尧	21
xiāo	宵	宀+肖（⺌+月）	12
xiāo	消	氵+肖（⺌+月）	13
xiāo	销	钅+肖（⺌+月）	15

拼音	汉字	部件	课号
xiě	写	冖+与	17
xìn	信	亻+言	8
xīn	新	亲（立+木）+斤	5
xíng	形	开+彡	11
xìng	性	忄+生	17
xǐng	醒	酉+星（日+生）	6
xīng	星	日+生	11
xiù	秀	禾+乃	21
xiū	修	亻+多	16
xū	需	雨+而	8
xuǎn	选	先+辶	21
xué	学	兴+子	1
xùn	训	讠+川	14
xùn	讯	讠+卂	18
xùn	迅	卂+辶	19
yā	鸭	甲+鸟	14
yán	沿	氵+（几+口）	20
yàn	验	马+金	6
yǎn	演	氵+寅	21
yáng	洋	氵+羊	14
yàng	样	木+羊	11
yào	药	艹+约（纟+勺）	6
yào	要	西+女	8
yé	爷	父+卩	13

拼音	汉字	部件	课号
yí	姨	女+夷	13
yí	移	禾+多	19
yì	义	义	15
yì	议	讠+义	15
yì	忆	忄+乙	19
yì	益	䒑+皿	20
yì	艺	艹+乙	21
yì	意	音（立+日）+心	8
yī	依	亻+衣	22
yín	银	钅+艮	5
yìn	印	𠂉+卩	18
yǐn	饮	饣+欠（+人）	6
yīn	音	立+日	20
yíng	迎	卬+辶	16
yìng	硬	石+更	22
yǒng	泳	氵+永	10
yóu	油	氵+由	21
yóu	游	氵+方+㫃	1
yóu	由	由	7
yóu	邮	由+阝	8
yòu	幼	幺+力	13
yōu	优	亻+尤	21
yú	鱼	鱼	14
yú	余	余	19

拼音	汉字	部件	课号
yú	娱	女+吴(口+天)	11
yù	预	予+页	7
yǔ	雨	雨	7
yuán	圆	囗+员(口+贝)	12
yuán	援	扌+爰	19
yuán	员	口+贝	1
yuán	园	囗+元	1
yuán	元	元	2
yuán	原	厂+白+小	11
yuàn	愿	原(厂+白+小)+心	15
yuè	跃	𧾷+天	19
yuè	越	走+戉	5
yuē	约	纟+勺	3
yún	云	云	7
yùn	运	云+辶	10
zāi	灾	宀+火	11
zào	噪	口+品+木	20
zào	造	告+辶	22
zé	则	贝+刂	13
zhàn	站	立+占	8
zhàng	账	贝+长	5
zhǎng	涨	氵+张(弓+长)	1
zhāng	张	弓+长	3
zhào	照	昭(日+刀+口)+灬	7

拼音	汉字	部件	课号
zhāo	招	扌+召（刀+口）	8
zhě	者	耂+日	15
zhèn	震	雨+辰	19
zhěn	诊	讠+（人+彡）	6
zhèng	政	正+攵	13
zhèng	证	讠+正	22
zhèng	正	正	10
zhěng	整	敕（束+攵）+正	12
zhēng	蒸	艹+丞+灬	14
zhēng	征	彳+正	11
zhí	直	直	16
zhí	职	耳+只	22
zhì	智	知+日	18
zhì	质	厂+贝	22
zhǐ	址	土+止	8
zhī	支	十+又	5
zhù	筑	竹+巩（工+凡）	20
zhù	注	氵+主	1
zhuǎn	转	车+专	7
zhuān	专	专	6
zhuāng	装	壮（丬+士）+衣	18
zhuō	桌	卓+木	14
zú	足	足	14
zú	族	方+矢	21

拼音	汉字	部件	课号
zǔ	阻	阝+且	20
zū	租	禾+且	2
zuì	最	曰+取	22

责任编辑：韩芙芸　薛彧威
中文编辑：史文华
封面设计：王薇薇
印刷监制：佟汉冬

图书在版编目（CIP）数据

飞跃. 汉语中级教程教师用书 / 林柏松，于岚，李蓓编著. --北京：华语教学出版社，2011
ISBN 978-7-5138-0134-8

Ⅰ.①飞… Ⅱ.①林… ②于… ③李… Ⅲ.①汉语－对外汉语教学－教学参考资料 Ⅳ.①H195.4

中国版本图书馆CIP数据核字(2011)第161660号

飞跃——汉语中级教程教师用书

林柏松　于岚　李蓓　编著

*

©华语教学出版社
华语教学出版社出版
（中国北京百万庄大街24号　邮政编码100037）
电话: (86)10-68320585, 68997826
传真: (86)10-68997826, 68326333
网址：www.sinolingua.com.cn
电子信箱：hyjx@sinolingua.com.cn
北京市松源印刷有限公司印刷
2011年（16开）第1版
ISBN 978-7-5138-0134-8
定价：39.00元